Miguel Angelo Manasses

Narrativas contemporâneas

SÉRIE EXCELÊNCIA EM JORNALISMO

inter
saberes

interSaberes

Rua Clara Vendramin, 58 . Mossunguê
CEP 81200-170 . Curitiba . PR . Brasil
Fone: (41) 2106-4170
www.intersaberes.com
editora@intersaberes.com

Conselho editorial
Dr. Ivo José Both (presidente)
Drª Elena Godoy
Dr. Neri dos Santos
Dr. Ulf Gregor Baranow

Editora-chefe
Lindsay Azambuja

Gerente editorial
Ariadne Nunes Wenger

Assistente editorial
Daniela Viroli Pereira Pinto

Preparação de originais
Gilberto Girardello Filho

Edição de texto
Mille Foglie Soluções Editoriais

Capa e projeto gráfico
Charles L. da Silva

Diagramação
Laís Galvão

Designer responsável
Luana Machado Amaro

Iconografia
Sandra Lopis da Silveira
Regina Claudia Cruz Prestes

Dados Internacionais de Catalogação na Publicação (CIP)
(Câmara Brasileira do Livro, SP, Brasil)

Manasses, Miguel Angelo
Narrativas contemporâneas/Miguel Angelo Manasses.
Curitiba: InterSaberes, 2021. (Série Excelência em Jornalismo)

Bibliografia.
ISBN 978-65-5517-886-9

1. Jornalismo literário 2. Narrativa jornalística I. Título. II. Série.

20-50446   CDD-070.4

Índices para catálogo sistemático:
1. Narrativas: Jornalismo 070.4
Cibele Maria Dias – Bibliotecária – CRB-8/9427

1ª edição, 2021.

Foi feito o depósito legal.

Informamos que é de inteira responsabilidade do autor a emissão de conceitos.

Nenhuma parte desta publicação poderá ser reproduzida por qualquer meio ou forma sem a prévia autorização da Editora InterSaberes.

A violação dos direitos autorais é crime estabelecido na Lei n. 9.610/1998 e punido pelo art. 184 do Código Penal.

Sumário

- **6** *Prefácio*
- **8** *Apresentação*
- **11** *Como aproveitar ao máximo este livro*

Capítulo 01
16 Tipos de narrativas
- **17** Narrativa: uma possível significação
- **19** Prosa narrativa
- **26** Prosa demonstrativa
- **27** Funções da narrativa
- **39** Narrativas e suportes

Capítulo 02
48 Estrutura da narrativa
- **49** Enredo
- **51** Personagem
- **54** Tempo
- **55** Espaço
- **57** Foco narrativo

Capítulo 03
70 Jornalismo literário
71 Contextualização do jornalismo literário
80 Características do jornalismo literário
86 Jornalismo literário no Brasil: um relato histórico
89 Gonzo: a vertente rebelde do *new journalism*
92 Jornalismo literário na atualidade

Capítulo 04
106 Narrativa e imagem
107 Estilos de narrativas
113 Narrativas em convergência
119 Comunicação em ambiente de mobilidade

Capítulo 05
131 Jornalismo e cultura da convergência
132 Reinvenção do jornalismo
134 Jornalismo de dados
138 Hibridismo na rede
144 Narrativas transmídias
149 Narrativa nas HQs: percurso histórico
156 Folhetim
157 Tabloide
162 *Webcomics*
163 HQs e literatura
171 Jornalismo e HQs

184 Capítulo 06
Storytelling na rede
- 185 *Storytelling*: a arte da narrativa
- 186 *Ilíada* e *Odisseia*
- 194 *Storytelling* e jornalismo literário
- 195 Técnicas de TED e Pecha Kucha

211 Capítulo 07
Dispositivos móveis
- 212 Internet, dispositivos móveis e comunicação
- 215 Dos mais jovens aos mais velhos
- 217 Teoria da difusão de inovações
- 218 Desenvolvimento de novos formatos jornalísticos
- 220 *Newsgames*

- 249 *Estudo de caso*
- 252 *Considerações finais*
- 254 *Referências*
- 263 *Respostas*
- 268 *Sobre o autor*

Prefácio

É da natureza do ser humano, desde seus primórdios, o desejo de narrar, de representar o real. Já nas pinturas rupestres da pré-história, era evidente o anseio de contar histórias e registrar práticas do cotidiano como um instrumento não só de preservação de memória, mas também de comunicação, tanto no plano terrestre quanto em outras instâncias, na busca de contato com entidades superiores, divinas. Viver para contar, como diz o mestre colombiano Gabriel García Márquez, está na essência do homem e em sua necessidade de ser social.

Em um mundo pautado pela velocidade, no qual as transformações tecnológicas têm impacto direto sobre as formas de narrar, em texto, imagens e sons, o jornalismo se reinventa ao compasso dessas mudanças. Os avanços nas maneiras de informar, no arsenal de recursos utilizados para tornar a comunicação mais ágil e inclusiva, democrática e multimidiática, não podem, jamais, deixar de ser humanistas, sob o risco de não cumprirem sua missão filosófica mais profunda e atemporal: iluminar.

Não à toa, o jornalismo ganhou potência social e política desde o Iluminismo, movimento intelectual e filosófico que tomou conta do universo das ideias durante o século XVIII.

Este livro do jornalista, pesquisador e professor Miguel Angelo Manasses tem o grande mérito de perceber que, para além de cumprir o papel fundamental de informar, o jornalismo contemporâneo, em sua vertente mais progressista, não se contenta com dados, estatísticas e informações objetivas. Também busca dar contexto e problematizar. Para isso, precisa do detalhe, das nuances, que apenas as narrativas, construídas por meio da observação atenta, da escuta interessada e da apuração precisa e inquieta, são capazes de oferecer.

Engana-se quem acredita que o profissional do século XXI, em controle das múltiplas possibilidades que a tecnologia tem a oferecer ao ofício, não precisa voltar seu olhar para o passado. As raízes do melhor jornalismo estão nas grandes narrativas. Em Daniel Defoe, Jonathan Swift, Honoré de Balzac, Charles Dickens, Machado de Assis, Lima Barreto, Virginia Woolf, Tom Wolfe, Gay Talese, Lillian Ross, Samuel Weiner, Joel Silveira, Ruy Castro e outros muitos contadores de histórias.

Manasses percebe que, para bem narrar, é preciso fazer o dever de casa e saber de onde vêm nossas tradições de escrita, de representação do real. Só assim, olhar para frente e, talvez, avançar, fará sentido.

Boa leitura!

Prof. Dr. Paulo Roberto Ferreira de Camargo

Apresentação

Vivemos em um mundo em permanente trânsito, cuja velocidade promove mudanças contínuas – para não dizer cotidianas. O que era novo, como dizia Belchior, hoje já é antigo. E é preciso fôlego para acompanhar tantas novidades e tendências, manter-se atualizado e conseguir dialogar com as tecnologias e as ferramentas que aparecem dia após dia em nossos horizontes.

E, claro, quando pensamos em comunicação, é impossível ignorar que ela segue esse fluxo de vanguardas e revoluções, exigindo profissionais competentes e capacitados para operacionalizar com fruição e fluência essas novíssimas demandas. Nesse fluxo, percorremos os caminhos que levam à formação de jornalistas capazes de ler e interpretar as necessidades de um mercado cada vez mais instantâneo e intenso, habilitados para compreender as linguagens corretas à arte de fazer um jornalismo diário e de fôlego, mas que também saibam ir além do papel.

Por isso, neste livro, propomos discutir muito mais que as lições de bom jornalismo – algo fundamental para a educação de um profissional ético e comprometido com a informação. Avançaremos para questões latentes, como o desenvolvimento da escrita e das primeiras histórias – que nasceram, justamente, da necessidade premente de deixar às gerações um legado, mas sem perder de vista o caráter mítico e, por que não, lúdico da contação de histórias.

Sob essa ótica, nesta obra, observaremos as diversas composições de narrativas e as funções de cada uma, expondo e reconhecendo as estruturas narrativas em que se emprega a palavra escrita, passando pelo surgimento dos jornais, suas inúmeras transformações e suas vertentes mais variadas, como o jornalismo literário e até mesmo os *newsgames*.

Essas são algumas das questões que perpassam a composição desta obra em sua tentativa de ser atual e completa, estabelecendo uma conexão que possa levá-lo, leitor, a descobrir um vasto universo comunicacional e cultural, ambos profundamente necessários em tempos e relações líquidas. Portanto, ao longo deste livro, citaremos exemplos de filmes, livros, obras de arte e demais produtos culturais importantes para clarificarmos os assuntos e os temas abordados.

Convém fazer, antes, um esclarecimento a respeito de nossa abordagem: aqui trataremos das narrativas como componentes de uma engrenagem chamada *comunicação*; elas têm a característica de ser mutáveis e maleáveis. Justamente para facilitar a compreensão desses componentes é que o presente material foi estruturado em sete capítulos, que são, ao mesmo tempo, independentes e complementares.

No Capítulo 1, explicamos o que são narrativas e quais são seus tipos – temas fundamentais não apenas para tratar da construção das narrativas, mas também para identificar suas funções e os suportes nos quais elas são disponibilizadas.

No Capítulo 2, abordamos a estruturura da narrativa, destacando a forma como a história é contada, seus personagens e a construção do enredo, de acordo com um foco narrativo que se caracteriza por uma intencionalidade.

No Capítulo 3, enfocamos o jornalismo literário, suas características e vertentes, fazendo uma análise de como foi seu surgimento, sua evolução e como ele é retratado atualmente.

No Capítulo 4, discorremos sobre a articulação entre narrativa e imagem, trazendo à tona contribuições importantes sobre os estilos de narrativas, suas convergências e a comunicação em plataformas móveis, discutindo temas caríssimos para a comunicação atual, como pós-verdade e *fake news*.

No Capítulo 5, explicamos como ocorre a junção entre a cultura da convergência e o jornalismo, com destaque para as narrativas transmídias e as diferentes formas de construção das narrativas, considerando o hidridismo dos diferentes suportes e plataformas, fundamentais para se compor narrativas ricas em conteúdo imagético.

No Capítulo 6, versamos sobre a técnica de *storytelling* e como ela é aplicada no jornalismo literário.

Por fim, no Capítulo 7, comentamos os novos formatos jornalísticos, em especial os *newsgames*, aqui apresentados como ferramentas de inovação, que aliam conhecimento e entretenimento, de forma pedagógica e a serviço do jornalismo.

Esperamos que, a partir deste momento, você faça uma boa viagem conosco e seja o protagonista de sua jornada.

Como aproveitar ao máximo este livro

Empregamos nesta obra recursos que visam enriquecer seu aprendizado, facilitar a compreensão dos conteúdos e tornar a leitura mais dinâmica. Conheça a seguir cada uma dessas ferramentas e saiba como elas estão distribuídas no decorrer deste livro para bem aproveitá-las.

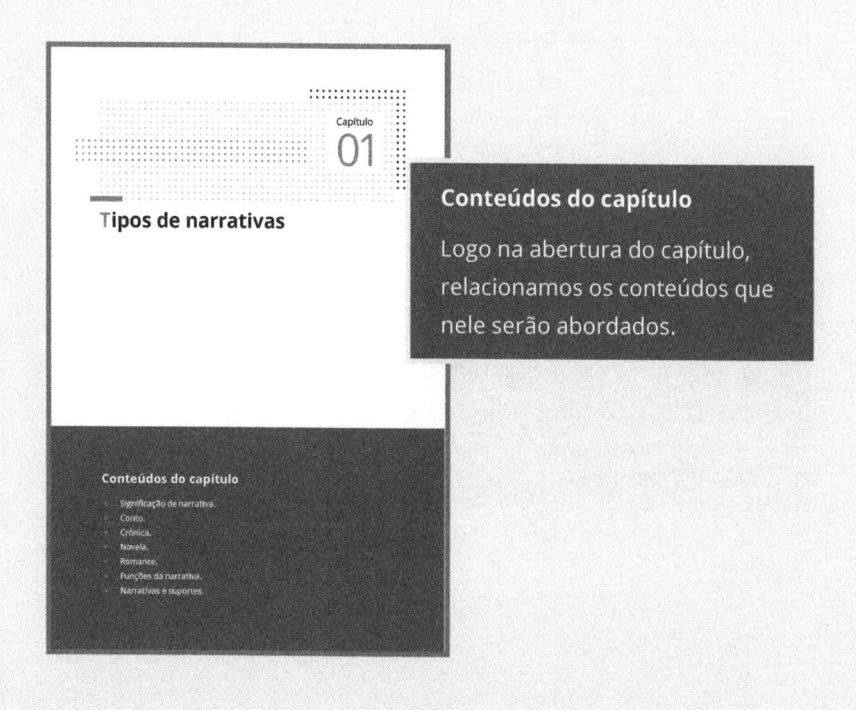

Capítulo
01

Tipos de narrativas

Conteúdos do capítulo
Logo na abertura do capítulo, relacionamos os conteúdos que nele serão abordados.

Conteúdos do capítulo
- Significação de narrativa.
- Conto.
- Crônica.
- Novela.
- Romance.
- Funções da narrativa.
- Narrativas e suportes.

Após o estudo deste capítulo, você será capaz de:

1. especificar a importância da narrativa no contexto da comunicação;
2. discorrer sobre os tipos de prosas narrativas e/ou híbridas;
3. diferenciar as noções de informar, interpretar e entreter como funções narrativas.

1.1 Narrativa: uma possível significação

Antes de discorrermos sobre os tipos de narrativas, convém discutirmos o significado de narrativa. Desde que o homem aprendeu a se comunicar por meio da oralidade, desenvolvida cerca de 60.000 a.C., a arte da narrativa começou a se desenvolver.

De modo sintético, narrativa nada mais é do que o produto da arte de contar uma história, descrever algo ou algum acontecimento. Todavia, se no princípio as narrativas eram rudimentares, com o passar do tempo o homem aprimorou sua capacidade de contá-las, e a invenção da escrita, por volta de 30.000 a 25.000 a.C. sedimentou esse ofício.

Na tradição oral, as narrativas eram transmitidas de pai para filho, sob o risco natural de serem deturpadas em sua proposição inicial, fosse por lapsos de memória de quem as contava, fosse por acréscimos de acontecimentos que nunca ocorreram – o que não significa que as narrativas não possam ser ficcionais.

Após o estudo deste capítulo, você será capaz de:

Antes de iniciarmos nossa abordagem, listamos as habilidades trabalhadas no capítulo e os conhecimentos que você assimilará no decorrer do texto.

Storytelling na rede

No entendimento de Anderson, as experiências compartilhadas por meio dos TED Talks deveriam, antes de tudo, servir como modelo para que o espectador pudesse moldar seu modo de ser e agir: "as formigas moldam a conduta umas das outras mediante a troca de substâncias químicas. Nós fazemos o mesmo ao ficar diante de outras pessoas, encará-las, gesticular e emitir sons estranhos" (Anderson, 2016, p. 9).

Para Anderson, uma palestra bem-sucedida é como uma conversa ao redor da fogueira; porém, ao pensar essa sistematização em uma sociedade globalizada e desterritorializada, a fogueira é o mundo todo. E é mediante a internet que é possível partilhar o conhecimento de forma democrática e acessível para boa parte da população mundial. A despeito de desprezar as opções formulaicas para uma palestra de sucesso, Chris Anderson acredita na possibilidade de ensinar as qualificações necessárias para obter a competência comunicativa – que nada mais é que a retórica, técnica bastante popular na Grécia antiga e que se refere à habilidade de falar em público assertivamente e com caráter persuasivo.

Importante!

Algumas das informações centrais para a compreensão da obra aparecem nesta seção. Aproveite para refletir sobre os conteúdos apresentados.

Importante!

Retórica é, antes de tudo, a arte de falar bem. Esse, por sinal, é significado da palavra latina *rhetorica*. Nascida no século V a.C., na região da Sicília, foi levada à cidade-Estado grega de Atenas pelo sofista Górgias (485-380 a.C.). Após a migração, a técnica passou a ser largamente usada nos âmbitos político e jurídico gregos, transformando-se, em pouco tempo, em sinônimo de persuasão.

Curiosidade

Nestes boxes, apresentamos informações complementares e interessantes relacionadas aos assuntos expostos no capítulo.

Síntese

Ao final de cada capítulo, relacionamos as principais informações nele abordadas a fim de que você avalie as conclusões a que chegou, confirmando-as ou redefinindo-as.

Curiosidade

A expressão *deus ex machina* significa "deus surgido da máquina" e se refere a um recurso dramatúrgico criado para o teatro grego, que consistia na descida de um deus para dar uma solução final e arbitrária em determinada cena.

O modelo de *deus ex machina*, entretanto, não ficou restrito ao teatro grego clássico. Passou a ser usado por teatrólogos como William Shakespeare (1564-1616) e Molière (1622-1673) e, claro, mais tarde no cinema. Filmes como *O resgate do Soldado Ryan* – quando o personagem do capitão John Miller Jr. é salvo da morte depois que os norte-americanos iniciam um bombardeio e atingem o tanque alemão que iria alvejá-lo – ou *A guerra dos mundos* – quando uma bactéria determina o fim do ataque alienígena na Terra – são exemplos do uso do recurso de *deus ex machina* na sétima arte.

Certamente, é possível pensar em exemplos de histórias – filmes, novelas, livros e séries – que se encaixam em um ou nos dois modelos de estrutura apresentados. Obviamente, existem outros percursos possíveis, porém, esses são os dois mais comuns. Outro ponto interessante é a possibilidade de articulá-los em uma única estrutura com subtramas. Vale, então, esclarecer como o modelo de Campbell pode entrar em simbiose com a estrutura de Syd Field (1995):

---

entrando no mercado da comunicação, especialmente as grandes companhias de tecnologia. Google News, Apple News e Instant Articles do Facebook são algumas das apostas que prometem mexer com o setor. (Veja, 2016)

Fica expresso na matéria, portanto, que a partir das exigências de novas estruturas, o jornalismo tende a se reinventar e buscar soluções para os impasses que os novos tempos colocam no horizonte dos profissionais da comunicação.

Síntese

Neste capítulo, comentamos que a sociedade pode ser dividida, segundo Marc Prensky (Guimarães, 2010), entre nativos digitais e imigrantes digitais. Independentemente da idade em que o primeiro contato com o mundo digital foi realizado, é preciso haver atualização e adaptação constantes e adequadas à tecnologia e aos impactos que ela tem sobre a comunicação, a educação e outros segmentos.

No jornalismo, a internet, as redes de computadores e os dispositivos móveis promovem um vasto conjunto de benefícios e inovações, contribuindo inclusive com o desenvolvimento de novos formatos jornalísticos. Alguns exemplos são as reportagens multimídias e transmídias, o uso da realidade virtual e até em 360°. Outra inovação foi a expansão para as possibilidades de associação de jogos como forma de complementar informações jornalísticas, com a criação dos *newsgames*. Os jogos associados às notícias são uma ferramenta muito explorada nacional e internacionalmente, como uma estratégia para reter a atenção do público, de forma lúdica e informativa.

Todas essas inovações criaram a demanda por profissionais plurais, capacitados para lidar com as diferentes plataformas, narrativas e tecnologias, focando sempre em novas formas de atrair o público e manter a rentabilidade nos veículos de comunicação.

Questões para revisão

1. Segundo o escritor americano Marc Presky (Guimarães, 2010), a sociedade pode ser dividida entre nativos digitais e imigrantes digitais. Qual é o significado desses termos e a diferença entre os dois grupos?

2. O mundo virtual e os dispositivos móveis geraram uma série de mudanças para os jornalistas dentro da redação, inclusive com a criação de novos formatos jornalísticos. Cite algumas inovações no ambiente jornalístico e os formatos desenvolvidos com o auxílio da tecnologia.

3. Sobre a tecnologia e os novos formatos jornalísticos, assinale a alternativa correta:
   a) Apesar de possibilitar uma comunicação mais acessível, os *smartphones* aumentaram os custos e a velocidade da comunicação.
   b) O conceito de multimídia remete à apresentação de informações simultâneas em diferentes meios de comunicação. O objetivo é mesclar características visuais, sonoras,

Questões para revisão

Ao realizar estas atividades, você poderá rever os principais conceitos analisados. Ao final do livro, disponibilizamos as respostas às questões para a verificação de sua aprendizagem.

Jornalismo literário

Questões para reflexão

1. Por que o fator tempo é importante para a elaboração de uma reportagem literária de qualidade?
2. Por que a humanização dos personagens é fundamental para o jornalismo literário?

Questões para reflexão

Ao propor estas questões, pretendemos estimular sua reflexão crítica sobre temas que ampliam a discussão dos conteúdos tratados no capítulo, contemplando ideias e experiências que podem ser compartilhadas com seus pares.

Estudo de caso

No decorrer do livro, apresentamos os elementos que formam a narrativa e mostramos a importância de se compreender a estrutura da narrativa. Isso é relevante para a construção de boas histórias, que não apenas atendam aos critérios de elaboração do texto, mas que também sejam atraentes o suficiente para prender a atenção do leitor.

Entre os elementos de uma narrativa, ainda que tempo e espaço tenham relevo, enredo, personagens e foco narrativo sobressaem. O enredo se impõe na medida em que é por meio dele que a história é contada. Nele, os personagens de maior e menor importância são introduzidos e adequados à trama, em uma estrutura muito bem sistematizada, com início, meio e fim, repleta de conflitos. Estes, aliás, constituem o elemento que garante a capilaridade da narrativa. O enredo, por fim, desemboca no clímax, que leva à conclusão da história.

Os personagens, por sua vez, dão vida à história. É claro que a narrativa pode ser um monólogo – nesse caso, com apenas um personagem na trama –, mas via de regra as histórias costumam apresentar mais de um personagem, e a criatividade do autor é que pode fazer essas figuras enriquecerem a trama. Toda narrativa tem personagens que se destacam mais do que outros. No entanto, não são raras as tramas que apresentam personagens transitórios,

Estudo de caso

Nesta seção, relatamos situações reais ou fictícias que articulam a perspectiva teórica e o contexto prático da área de conhecimento ou do campo profissional em foco com o propósito de levá-lo a analisar tais problemáticas e a buscar soluções.

Capítulo
01

Tipos de narrativas

Conteúdos do capítulo

- Significação de narrativa.
- Conto.
- Crônica.
- Novela.
- Romance.
- Funções da narrativa.
- Narrativas e suportes.

Após o estudo deste capítulo, você será capaz de:

1. especificar a importância da narrativa no contexto da comunicação;
2. discorrer sobre os tipos de prosas narrativas e/ou híbridas;
3. diferenciar as noções de informar, interpretar e entreter como funções narrativas.

1.1 Narrativa: uma possível significação

Antes de discorrermos sobre os tipos de narrativas, convém discutirmos o significado de narrativa. Desde que o homem aprendeu a se comunicar por meio da oralidade, desenvolvida cerca de 60.000 a.C., a arte da narrativa começou a se desenvolver.

De modo sintético, narrativa nada mais é do que o produto da arte de contar uma história, descrever algo ou algum acontecimento. Todavia, se no princípio as narrativas eram rudimentares, com o passar do tempo o homem aprimorou sua capacidade de contá-las, e a invenção da escrita, por volta de 30.000 a 25.000 a.C. sedimentou esse ofício.

Na tradição oral, as narrativas eram transmitidas de pai para filho, sob o risco natural de serem deturpadas em sua proposição inicial, fosse por lapsos de memória de quem as contava, fosse por acréscimos de acontecimentos que nunca ocorreram – o que não significa que as narrativas não possam ser ficcionais.

Com o passar dos séculos, o advento da escrita permitiu que as narrativas fossem registradas em toda a sua riqueza de detalhes, o que garantiu sua perpetuação, assim como sua ramificação, visto que nessa atividade pode-se recorrer a diversas linguagens imagéticas ou não.

Sob essa ótica, de acordo com Queiroz (2020, p. 2):

> A escrita é ao mesmo tempo das coisas mais universais e mais inapreensíveis. Sem a escrita, a cultura, definida como uma 'inteligência transmissível', não existiria (talvez existisse de forma rudimentar que mal se poderia reconhecer). A lei, a religião, o comércio, a poesia, a filosofia e a história – todas as atividades que dependem de certo grau de permanência e de transmissão – seriam, se não impossíveis, bastante restritas. Mesmo tendo-se ampliado as possibilidades de transmissão oral há um ou dois séculos atrás, esta ainda está circunscrita a estreitos limites se comparada com os mundos abertos pelo uso da escrita.

As narrativas textuais são construídas basicamente em duas formas: verso ou prosa. No caso dos versos, o texto é comumente (mas não somente) desenvolvido em frases curtas, particionadas, com ritmo e rima, formando estrofes, que ao fim compõem um poema. Já na prosa, tem-se um texto escrito que costuma ocupar a linha toda, normalmente não ritmado e desenvolvido em parágrafos, que pode ser escrito em períodos simples ou compostos, em construções textuais curtas ou extensas. Logo, é o tipo de texto mais usado na linguagem do dia a dia, menos rebuscado, de mais fácil entendimento por parte de quem o lê. Para efeitos didáticos e de compreensão deste livro, concentraremos nossa abordagem nos tipos de narrativas desenvolvidas essencialmente em prosa.

Em razão de sua amplitude, visto que abrange uma extensa gama de tipos de textos, a prosa apresenta duas categorias de classificação: a narrativa, também chamada de *literária*, e a demonstrativa, conhecida como *não literária*. Nas próximas seções especificaremos e exemplificaremos esses dois tipos.

1.2
Prosa narrativa

A prosa narrativa, ou literária, contempla os textos fictícios ou aqueles adaptados/baseados em histórias reais, mas que sofreram alterações em sua originalidade. As prosas literárias mais conhecidas são: contos; crônicas (ainda que estas na verdade sejam híbridas, ou seja, literárias e não literárias); novelas; romances; e textos teatrais.

A seguir, trataremos de cada uma dessas manifestações da prosa literária.

∴ Conto

O conto é um tipo de prosa literária que apresenta uma construção bastante peculiar, tendo em seu núcleo um fato ou um acontecimento ficcional. Além disso, caracteriza-se por ser um texto curto e de fácil entendimento. O enredo é dividido em introdução, desenvolvimento e conclusão.

Justamente por ser um texto curto, o conto tende a conter poucos personagens; além disso, é popular entre o público infantil. Sua origem remonta à oralidade, quando a escrita ainda era desconhecida, e nesse período seu enredo tinha o fantasioso como elemento mais marcante, o que explica as histórias místicas dos povos antigos.

A invenção da escrita permitiu que os contos passassem a ser registrados e, com o passar do tempo, ganharam tipificações por gênero, tais como contos de amor, de ficção, infantis, de mistério, policiais, de suspense, de terror, entre outros.

Por trabalhar elementos da cultura, das lendas e das histórias características de cada nação, os contos passaram a ser escritos por povos de diversas origens, com destaque para alemães, árabes, franceses, ingleses, nórdicos e russos. E, graças à riqueza cultural do país, o Brasil também tem uma extensa tradição nesse gênero.

Oliveira (2008, p. 85) assim discorre sobre o histórico do conto no Brasil:

> Os registros de realização do conto na literatura brasileira coincidem com o período inicial do Romantismo, já no início do século XVIII [...]. O conto floresceu entre jornalistas e era quase um co-irmão da crônica – gênero que compreendia os textos publicados em jornais, tematizando fatos do cotidiano, relacionados à vida comum da maioria das pessoas. O que podemos observar é que os autores de crônicas em alguns momentos cruzavam a fronteira do jornalismo e entravam na modalidade conto, utilizando maior liberdade criativa.

Entre os contistas brasileiros mais reconhecidos, estão Aluísio Azevedo, Clarice Lispector, Dalton Trevisan, Guimarães Rosa, Lima Barreto, Lygia Fagundes Telles, Machado de Assis e Mário de Andrade.

Um exemplo de conto é *Ipês*, de Dalton Trevisan (2015), autor considerado um dos representantes mais importantes das narrativas curtas no Brasil.

∴ Crônica

Como aludimos, a crônica é uma narrativa híbrida, pois pode ser literária ou jornalística; logo, é um gênero que mescla literatura e jornalismo.

Antes de detalharmos as especificidades de cada tipo de crônica, é importante frisar que, do ponto de vista de características gerais, seja literária ou não literária, uma crônica costuma tratar de assuntos do cotidiano ou de temas históricos, sociais e políticos. Também é comum conter pitadas de humor, garantindo leveza ao texto, que é ainda mais simples e coloquial do que o conto. Os personagens, por exemplo, tendem a ter poucas características específicas, justamente para que as pessoas comuns se sintam representadas por eles.

Já do ponto de vista de divulgação, as crônicas costumam ser publicadas em *blogs*, jornais, portais de informação e revistas. Também por ser publicada em veículos de comunicação existentes mais comumente nas grandes cidades, a crônica normalmente trata de assuntos do modo de vida urbano.

A crônica literária é identificada pela inexistência de longos trechos textuais argumentativos ou mesmo reflexivos. São retratados fatos do dia a dia, contendo somente os elementos narrativos mais essenciais, quais sejam: personagem, enredo, tempo e espaço.

Por sua vez, na crônica jornalística, em suas argumentações, o autor acrescenta aos acontecimentos do cotidiano críticas e reflexões, sendo tais trechos construções textuais mais extensas, mesclando, assim, narração e argumentação. Por fim, os temas abordados nas crônicas jornalísticas são aqueles que estão reverberando na opinião pública no momento em que são escritas ou assuntos não tão relevantes, mas que a depender da subjetividade e do talento de quem os relata ganham contornos interessantes, cativando os leitores.

Um exemplo de crônica é *O conselheiro*, de Luis Fernando Verissimo (2012), autor responsável por reinventar o gênero, combinando humor e alta literatura.

∴ Novela

A novela é um gênero exclusivamente literário. Historicamente, o nascimento das novelas remonta ao período greco-romano, principalmente no que diz respeito à formação dos mitos, cuja tradição oral iniciou-se por volta de 700 a.C. por meio das narrativas de Homero e Hesíodo (Le Goff, 1990).

As novelas já originalmente tinham forte teor literário, destacando-se pela mescla entre o real e o místico. Durante o Renascimento, porém, a novela ganhou contornos de gênero literário, adotando traços mais realistas até que, passados alguns séculos, adquiriu um caráter de narrativa mais popular.

No que se refere à extensão, a novela está no meio do caminho entre outros dois gêneros literários: é maior do que o conto e menor do que o romance. Contudo, o tamanho não é o único aspecto que diferencia essa narrativa das demais.

Entre as particularidades das novelas, citamos a pluralidade dramática, que corresponde à articulação de vários enredos, que em maior ou menor grau se conectam uns com ou outros no decorrer da história. Outra característica importante é a sucessividade: a história é contada de forma sequencial, ordenadamente, mas com a possibilidade de se alterar essa lógica no decorrer da história, até mesmo para garantir certa imprevisibilidade.

A respeito desse gênero textual e literário, Moisés (2006, p. 114) afirma:

> O novelista não esgota por completo o conteúdo de uma unidade para depois efetuar o mesmo com as seguintes: no fim de cada episódio, procura deixar sementes de mistério ou conflito para manter aceso o interesse do leitor. É raro que esvazie o recheio dramático da célula antes de prosseguir, pois frustraria a curiosidade do leitor.

A não limitação no número de personagens é outra característica importante do gênero, visto que não existe um número delimitado de personagens. Estes podem estar presentes na história desde o início e permanecer até o final, ou deixarem a história a qualquer momento; outros podem surgir no decorrer da trama. Já em relação ao enredo, a novela tem um ritmo acelerado, destacando-se pelo dinamismo do texto.

A linguagem talvez seja a característica mais interessante desse gênero, pois a narrativa considera a contextualização histórica. Isso quer dizer que a novela incorpora aspectos de linguagem e da cultura do local e do período em que é ambientada. Por fim, o tempo e o espaço são duas características inseparáveis nas novelas.

O tempo é determinado de forma cronológica, ainda que existam momentos em que se rompa a cronologia; já o espaço é delimitado e permite que os personagens se desloquem para outros lugares, dependendo de suas ações.

Por terem um caráter popular em suas narrativas, as novelas eram costumeiramente publicadas nos folhetins e, com o surgimento da televisão, deram origem às telenovelas.

Aqui convém fazer um alerta: novela e telenovela não são sinônimos. A novela é um gênero literário que apresenta uma narrativa pautada nas atitudes dos personagens. Por sua vez, a telenovela é uma ficção na qual atrizes e atores interpretam os personagens. Não raras vezes, porém, as telenovelas são adaptações de novelas. Alguns países, como Brasil e México, têm uma vasta tradição na produção, no consumo e na exportação de telenovelas.

∴ Romance

Entre as principais prosas literárias figura o romance. É o gênero mais extenso e o que apresenta a narrativa mais intrincada. Descendente da epopeia, um poema em que se narram as façanhas inesquecíveis e extraordinárias de um herói, o romance moderno surgiu no século XVII, na Europa. A primeira obra do gênero é *Dom Quixote*, do espanhol Miguel de Cervantes, com sua primeira edição publicada em Madri, em 1605.

O romance conjuga diferentes formas narrativas e literárias e apresenta quatro elementos fundamentais: narrador, personagens, enredo e tempo. O narrador conta a história e pode participar efetivamente da narrativa, embora não seja o autor da história. Já os personagens são fictícios, descritos de formas psicológicas e físicas, sendo responsáveis pelas ações que fazem a narrativa se desenvolver. Além disso, o fato de o romance ser uma narrativa longa permite que os personagens ganhem densidade e enfrentem diversas e constantes situações conflituosas, em um ritmo temporal mais lento do que a novela, por exemplo.

O enredo é a característica que dá dinâmica aos fatos, apresentando as redes de intrigas que permeiam a narrativa e que perfazem o tema central da história. Por sua vez, o tempo do romance pode ser cronológico ou psicológico. O primeiro diz respeito à contagem de horas, dias, meses, anos, enfim, à sucessão temporal; já o segundo se refere ao tempo subjetivo de cada personagem.

O romance atingiu o auge de sucesso durante a Revolução Industrial, quando da ascensão da burguesia, ganhando a alcunha de *romance burguês*. Nesse novo contexto, o herói não mais enfrentava apenas os outros, mas também lutava contra si mesmo, questionando-se e procurando sentido e justificativa para a própria existência. Isso popularizou esse gênero, já que atraía e agradava uma parcela de novos leitores ávidos para consumir as histórias.

Já no século XX, com o desenvolvimento do cinema e o advento do rádio e da televisão, o romance perdeu popularidade como gênero literário, mas soube se adaptar e se utilizar dessas mesmas mídias – e mais recentemente, da internet – para se manter vivo e alcançar publicidade.

Conforme expõe Azevedo (2013, p. 116-117):

> Em uma série de romances e contos dos anos 80, é visível a observação, descrição ou narração através das telas de cinema, TV e monitores de computador. O uso de tais de técnicas e de outras, como, por exemplo, o aproveitamento de *outdoors*, videoclipes, notícias de jornal e publicidade reforçam a ideia da vida como espetáculo e do papel do leitor como *voyeur*.

Entre os principais subgêneros de romances literários, estão: policiais, de amor, indianistas, de aventura, urbanos, de ficção científica, históricos e regionalistas. No Brasil, os romances mais famosos apresentam narrativas urbanas, históricas, regionalistas e indianistas.

1.3
Prosa demonstrativa

A prosa demonstrativa, ou não literária, tem como peculiaridade o caráter informativo. A estrutura textual é desenvolvida de forma objetiva, justamente para facilitar a compreensão do leitor. A linguagem tem de ser transmitida de forma clara, simples, para que não ocorram ruídos.

A linguagem não literária, ou demonstrativa, é empregada em artigos acadêmicos, dicionários, enciclopédias, livros didáticos, manuais de instruções, receitas culinárias e, evidentemente, notícias que podem informar, entreter e ajudar o receptor a interpretar um fato.

1.3 Funções da narrativa

Como já comentamos, a narrativa relaciona-se com a habilidade dos seres humanos de contar histórias. Entretanto, as histórias não são contadas sempre da mesma forma, pois o modo como são narradas ou escritas depende da intencionalidade do emissor, da situação ou do contexto, entre outros fatores. A forma como o receptor recebe e absorve a mensagem também pode interferir no processo comunicacional.

A narração parte sempre de um emissor que construiu o pensamento ou está retransmitindo o pensamento de outro. De todo modo, em ambas as situações, há uma intencionalidade do emissor e, conforme esse discurso é apresentado, ele revela uma função distinta. Existem várias funções que uma narrativa pode apresentar, mas para os fins didáticos desta obra, discutiremos as seguintes funções: informar, interpretar e entreter.

∴ 1.6.1 Informar

Muito utilizada em textos jornalísticos e escolares, a função de informar visa à transmissão clara de uma mensagem. Nesse caso, a intencionalidade do emissor é propagar informações sobre o objeto da mensagem, ou seja, sobre o referente.

No ambiente escolar, a função de informar se manifesta em comunicados oficiais transmitidos pela área diretiva ou pedagógica da escola aos alunos. Também está claramente presente nos livros didáticos, pois estes contêm determinada quantidade de informações que auxiliam o professor a orientar os alunos sobre os temas que serão discutidos em sala de aula.

No jornalismo, por sua vez, a função de informar é essencial e indispensável, pois garante que leitores, ouvintes e telespectadores tomem conhecimento do que está ocorrendo a sua volta ou em outros lugares do planeta. Nessa perspectiva, de acordo com Sousa (2001, p. 5), *informar* significa, em um sentido amplo,

> publicitar os actos dos agentes de poder (o Governo, o Parlamento, os partidos políticos, os agentes económicos, etc.). [...] Significa, igualmente, trazer para o espaço público os assuntos socialmente relevantes que poderiam passar despercebidos, os assuntos que são escondidos, os que estão submersos, os que são obscuros.

Contudo, é importante compreender que no jornalismo nem toda informação se torna notícia. Em essência, informar é relatar um fato. No entanto, a informação só se torna notícia quando alguém – no caso, o jornalista – julga que ela tem relevância para ser publicada em um meio de comunicação, pois, sem relevância (isto é, sem ser uma informação que afete ou atinja determinado número de pessoas ou que desperte o interesse da opinião pública), ela não tem apelo para ser divulgada.

Claramente, com o surgimento da internet e a possibilidade de o receptor também divulgar informações por meio de páginas pessoais, *blogs* e redes sociais, o ato de informar já não está restrito aos veículos de comunicação, que até o início do século XXI detinham essa primazia. As novas tecnologias democratizaram a informação, permitindo que notícias que muitas vezes não eram divulgadas – simplesmente por não serem de interesse da grande mídia, que monopoliza a comunicação – passassem a ser de conhecimento do grande público, que agora recebe essas informações por outros canais.

Também é verdade que a possibilidade de divulgar informações indistintamente provocou um fenômeno muito identificado com essa nova comunicação democratizada do século XXI, qual seja, as *fake news*. Isso porque uma parcela considerável das pessoas que publicam informações na internet – o meio de comunicação mais democrático e de mais fácil acesso na atualidade – não tem nenhuma preocupação com a checagem das informações que sustentariam as notícias que estão publicando.

Além disso, muitos desses emissores publicam informações equivocadas justamente para provocar desinformação, pânico ou mesmo para macular a imagem de indivíduos, empresas e até do Poder Público. Essa estratégia costuma alcançar êxito porque parte das pessoas que recebem essas informações repassam-nas sem averiguar se são verdadeiras ou não.

Ainda assim, com todas as ressalvas possíveis, o ato de informar se tornou mais progressista com o surgimento da internet e a **quebra do monopólio da informação, saindo do controle exclusivo** da grande mídia e alcançando cada vez mais pessoas. Em resumo, a população passou a ter conhecimento sobre uma vasta gama de informações, não estando mais limitada ao que a mídia tradicional resolvia divulgar.

Para ilustrar a função de informar, a seguir citamos como exemplo uma notícia produzida pela Agência Brasil (2020), a respeito da vacinação contra a poliomielite.

Mais de 60% das crianças ainda não foram vacinadas contra a pólio

Desde o início da Campanha Nacional de Vacinação, no dia 5 de outubro até hoje (26), apenas 35% das crianças (4 milhões) foram vacinadas contra a poliomielite. A campanha irá até o próximo dia 30 e 7,3 milhões de crianças ainda precisam ser levadas pelos pais ou responsáveis até os postos de saúde para vacinar. O público-alvo estimado é de 11,2 milhões das crianças de 1 a menores de 5 anos.

O estado que mais vacinou as crianças até agora foi o Amapá (62,59%), seguido do estado da Paraíba (50,11%). Rondônia foi o estado que menos vacinou, tendo atendido apenas 11,76% do público-alvo. A recomendação aos estados que não atingirem a meta é continuar com a vacinação de rotina, oferecida durante todo o ano nos mais de 40 mil postos de saúde distribuídos pelo país.

A campanha nacional ocorre junto com a campanha de multivacinação, que visa atualizar a situação vacinal de crianças e

> adolescentes menores de 15 anos. Nesta última são ofertadas todas as vacinas do calendário nacional de vacinação.
>
> A poliomielite, também chamada de pólio ou paralisia infantil, é uma doença contagiosa aguda causada pelo poliovírus, que pode infectar crianças e adultos e, em casos graves, pode levar a paralisias musculares, em geral nos membros inferiores, ou até mesmo à morte. A vacinação é a única forma de prevenção.

Fonte: Agência Brasil, 2020.

∴ 1.6.2 Interpretar

Se adotássemos uma escala de importância para analisar as funções narrativas, interpretar ocuparia, sem dúvida alguma, uma posição de maior relevância do que informar, tanto para quem elabora o pensamento interpretativo quanto para quem o recebe e busca compreendê-lo, seja para concordar ou para refutar uma linha argumentativa. No caso do jornalismo, tal afirmação é evidente, na medida em que se trata de um

> texto que se diferencia do meramente informativo e mesmo do simplesmente opinativo, embora alguns autores não vejam tanta diferença entre interpretativo e opinativo.
>
> No informativo trata-se apenas de relatar os fatos conforme já visto na estrutura da notícia, bastando responder às perguntas clássicas. [...]

> No gênero interpretativo, o objetivo é mostrar ao leitor as várias consequências que um fato pode gerar, estudando suas origens, analisando suas implicações. (Campos, 2002)

A interpretação exige uma capacidade cognitiva mais elevada. Obviamente, os níveis cognitivos de interpretação evoluem de acordo com o cabedal de conhecimentos que o indivíduo adquire ao longa da vida.

Para interpretar um fato de forma coerente, é primordial que quem esteja construindo o pensamento tenha um conhecimento satisfatório a respeito do tema sobre o qual discorre. No jornalismo, por exemplo, em sociedades cada vez mais plurais, nas quais as pessoas recebem e consomem informações oriundas das mais diversas fontes, é indispensável que o jornalista tem de estar disposto a fazer mais do que informar o fato. Afinal, quem está consumindo a informação exige que esse profissional apresente alternativas, proponha caminhos, aponte soluções.

A interpretação permite que jornalistas com maior arcabouço intelectual ou capacidade verborrágica ofereçam ao público **seu olhar pessoal** sobre os fatos. E, nesse sentido, o Brasil sempre foi um terreno fértil para que os colunistas expressassem suas opiniões e interpretações. Segundo Paulo Francis (2012a, p. 145), um dos principais jornalistas interpretativos do Brasil, "a função principal do jornalismo é informar com substância bastante para que o leitor forme sua opinião". Portanto, cabe aos profissionais da imprensa fornecer esse poderio ao público.

A interpretação de um fato tem relação direta com a **intencionalidade da mensagem**. Exatamente por isso, não existe imparcialidade no jornalismo, ainda mais no interpretativo, pois quando alguém faz uma análise de um fato, invariavelmente expõe suas impressões, convicções, crenças e conjecturas a respeito do que apurou, articulando seus conhecimentos prévios e, porque não, os preconceitos que guarda sobre o assunto. Em síntese, ao escrever, o redator revela em algum grau sua subjetividade. Isso de modo algum deve eliminar a isenção. Isso quer dizer que o fato de uma reportagem interpretativa jornalística não ser imparcial não significa que ela não deva ponderar ou discutir o contraditório.

Evidentemente, no jornalismo, há uma nítida diferença de intencionalidade entre uma reportagem interpretativa e um texto opinativo. Isso ocorre porque, como já apontamos, ainda que apresente intencionalidade e subjetividade por parte do repórter, a reportagem precisa discorrer sobre o assunto tratado, registrando também os demais pontos de vistas. Já nos textos opinativos, essa obrigação não existe; pelo contrário, a opinião e o posicionamento do comentarista são premissas indispensáveis.

Via de regra, o leitor, ouvinte ou telespectador que acompanha determinado articulista o faz por concordar com as opiniões e os posicionamentos desse profissional ou, em caso de discordância, para contra-argumentar ou criticar seu posicionamento. Por essa razão, na condição de comentarista, o jornalista tem de se posicionar a respeito do assunto de que está tratando e demonstrar grande capacidade interpretativa, para que sua linha argumentativa não seja facilmente desmentida ou refutada por falta de embasamento em suas análises.

Está certo que, em uma sociedade democrática na qual o debate de ideias deve prevalecer, bem como o direito de apresentar opiniões contrárias, ninguém que defenda a pluralidade de pensamentos imagina ser o dono da verdade. Entretanto, no caso de articulistas, colunistas ou comentaristas, se o raciocínio interpretativo estiver sólido, se defender com coerência o ponto de vista exposto pelo jornalista opinativo, por mais que existam opiniões contrárias ao pensamento por ele defendido, essa discordância ocorrerá no espectro científico, filosófico, moral, sociológico etc., mas nunca por uma incapacidade interpretativa desse profissional, tampouco por apresentar uma linha argumentativa débil, simplória, facilmente refutável.

Tais exigências apenas reforçam a importância de os jornalistas opinativos conhecerem o máximo possível o tema sobre o qual dissertam. Afinal, quem os lê, ouve ou assiste espera desses profissionais uma elevada capacidade interpretativa, contextualizada com a realidade do momento.

Em acréscimo, no jornalismo, a narrativa interpretativa – seja uma reportagem, seja um texto opinativo – jamais pode desconsiderar o lado humano daquilo que é relatado. Em virtude disso, quando está escrevendo uma reportagem, o jornalista tem de se colocar no lugar do leitor, ouvinte ou telespectador e apresentar o maior número possível de dados, análises, informações, estatísticas e tudo o que for necessário para que a reportagem esteja completa e contextualizada, sendo, de fato, útil para quem a recebe. Ainda, é indispensável que essa narrativa interpretativa dê voz às pessoas envolvidas. Isso porque uma narrativa interpretativa jornalística que mereça ser lida, ouvida ou vista não pode tomar as pessoas como meros números ou dados estatísticos, de forma fria e distante, sem a capacidade de se colocar no lugar do outro. Em suma, é preciso ter empatia.

∴ 1.6.3 Entreter

Entre as funções da narrativa aqui apresentadas, entreter talvez seja vista, em um primeiro momento, como a menos importante. Isso acontece porque, seja na literatura, seja em narrativas transmidiáticas atuais, o entretenimento ainda é considerado por muitos como algo popular, desenvolvido e pensado para as massas. Nessa ótica, entreter seria sinônimo de levar o indivíduo a se desprender das pressões impostas a ele pela sociedade, alienando-o. Assim, tudo o que diria respeito ao entretenimento serviria exclusivamente para divertir, seria fácil de compreender, superficial, efêmero, ou seja, não teria a capacidade de provocar grandes reflexões.

Focalizando o universo das narrativas, podemos admitir que obras consideradas clássicas, com enredos mais densos, sejam mais difíceis de serem compreendidas; contudo, não seria correto afirmar que as narrativas que priorizam o entretenimento sejam menos importantes ou que não sejam capazes de transmitir uma mensagem provocadora para indivíduos de diferentes estratos ou classes sociais.

Está claro, uma narrativa que apresente uma história interessante, com um enredo descomplicado – mas não necessariamente simplório –, que seja criativa e que se desenrole de forma coerente, do início ao fim, sem apelar para clichês, lugares comuns ou mesmo sensacionalismo, tem todos os ingredientes para agradar quem a está lendo, assistindo ou ouvindo.

Inegavelmente, os críticos que imputam pouca relevância à função de entreter nas narrativas, algo que satisfaz apenas aos sentidos, tal como um prazer alienante, fazem-no em parte pelos efeitos dos meios de comunicação massivos, com destaque para a televisão. O advento da comunicação de massa, associado a um processo de espetacularização, colocaram a cultura e a arte a serviço de um mercado consumidor, configurando o que foi chamado de *indústria cultural* pelos sociólogos alemães Theodor Adorno e Max Horkheimer, na primeira metade do século XX.

Para Adorno e Horkheimer (2014), ao elaborar e lançar produtos voltados às massas, impondo comportamentos aos indivíduos, a indústria cultural utiliza os meios de comunicação massivos para vincular o entretenimento ao capitalismo. Isso prejudica a formação de sujeitos autônomos, na medida em que se enfraquece a capacidade de pensamento crítico e de decisão consciente, pois tais indivíduos estão condicionados a consumir o mesmo tipo de entretenimento, pasteurizado e moldado de tal forma que desestimula qualquer questionamento mais elaborado.

No jornalismo, a discussão sobre o entretenimento ser ou não jornalismo ganhou tamanho vulto que dela surgiu um termo novo, o *infotenimento*, a junção de informação e entretenimento, designado também como *jornalismo de entretenimento*. Isso ocorreu para que se resolvesse um problema ético, já que o jornalismo se pauta pela realidade, pela verdade, pelo interesse público, pelos valores-notícia, tendo a informação em sua gênese. Já o entretenimento não tem como premissa trabalhar com a verdade, nem com a informação; esse é o caso de novelas, programas de auditório, musicais, desenhos e esportivos.

No entanto, inseridas na lógica capitalista do lucro e da luta pela audiência, as empresas de comunicação adequaram os formatos de uma parcela considerável de seus programas, adotando o infotenimento. Essa estratégia foi empregada para atender à demanda de um público que manifestava crescentemente o desejo de consumir esses programas híbridos.

Conforme Anaz (2018, p. 143, grifo do original), o entretenimento

> parece ser um fator importante no sucesso de um conjunto de produtos jornalísticos que abordam filmes e séries de TV, veiculados em diferentes meios, como a Internet (blogs, canais de vídeo, redes sociais), a televisão e as publicações impressas. No entanto, tanto esse tipo de jornalismo, o chamado *infotenimento*, como as produções audiovisuais que analisa, são muitas vezes consideradas **simples entretenimento**, dando a eles um status menor numa suposta hierarquia artística e cultural. Isso acontece devido à associação da classificação **entretenimento** a narrativas consideradas de fácil compreensão e escapistas.

Configurou-se, assim, a espetacularização da notícia, que em muitos casos passa a ser tratada de forma fútil. Alguns exemplos disso são programas de televisão que expõem a vida das celebridades e os portais de notícias que divulgam informações sem nenhum interesse público aparente, mas que atraem a atenção de centenas, milhares e, em alguns casos, milhões de internautas, apenas porque são bizarras.

A junção de aspectos curiosos, bizarros, apelativos e sensacionalistas referentes a pessoas minimamente conhecidas, ou relativas a assuntos que chamem a atenção do público, com um mínimo de informação, é o que garante o sucesso do infotenimento. Um exemplo dessas notícias ou notas vazias é a publicação de fotos de celebridades em atividades cotidianas, como a publicada com a chamada "Francisco Cuoco dá tchauzinho antes de assistir peça" (Ego, 2010). Certamente, o fato de o ator Francisco Cuoco acenar para o público antes de assistir a uma peça de teatro não seria noticiado em um programa jornalístico, mas para um programa de fofocas sobre celebridades, uma notícia dessa natureza pode repercutir e, até mesmo, agradar o público. Nesse caso, os apresentadores tendem a ampliar o tempo de discussão a respeito do assunto, exaurindo todas as possibilidades, justamente porque estão conquistando importantes pontos no Ibope (empresa de pesquisa de mercado que faz a medição da audiência televisiva).

O mesmo efeito se observa nas notícias consideradas "sérias", que, para não se tornarem maçantes, ganham, muitas vezes, o incremento da diversão ou da dramatização. Uma das estratégias para isso é selecionar um personagem e utilizá-lo justamente para comover o público. Nesse caso, a abordagem se assemelha à ficção e é marcada por um enredo elaborado para ganhar audiência sem preocupação com as consequências negativas, como a desinformação.

Outro problema do infotenimento é a espetacularização adotada em programas televisivos, de rádio ou em portais que noticiam esse tipo de conteúdo, muito mais preocupados com a estética e em divulgar vídeos, fotos e áudios do que propriamente com a informação. Em muitos casos, tem-se somente o título de uma matéria em um portal informativo, e quando se abre a suposta notícia, há apenas duas ou três linhas desprovidas de conteúdo informativo.

Na qualidade de narrativa, a função de entreter cumpre um papel fundamental, pois colabora para aliviar as pressões impostas pela sociedade aos indivíduos, o que não impediria de existir criticidade nessa narrativa. No entanto, no infotenimento, o assunto noticiado não precisa ser pesado, até pela proposta do gênero, mas sempre deveria estar acompanhado por uma análise crítica, para garantir a credibilidade.

1.7
Narrativas e suportes

Narrativas e suportes estão intrinsecamente ligados. Conceitualmente, suporte é o meio físico, audiovisual, virtual ou lembroso – entendido aqui como aquele que remete a memórias ou lembranças antigas – no qual uma narrativa é materializada ou disponibilizada. Assim como as narrativas se desenvolveram, os suportes se ampliaram.

Como se sabe, as primeiras narrativas surgiram com a oralidade, e a forma como as histórias orais eram e continuam sendo contadas tem relação direta com a memória. A oralidade é importante na medida em que permite a perpetuação dos relatos e acontecimentos que muitas vezes não são registrados em meios físicos ou virtuais.

Contos, fábulas, romances e histórias que conquistaram notoriedade nas mais diferentes culturas tornaram-se conhecidos mundialmente, ganhando registros impressos e virtuais. Entretanto, as histórias pouco decantadas, mas que de alguma forma têm relevância para uma etnia, população, comunidade – enfim, grupos de pessoas que por vezes só contam com a oralidade para perpetuá-las –, dependem das memórias de seus narradores.

As memórias também garantem aos narradores a interação com o público, além de serem capazes de despertar os mais diferentes sentimentos, muitos dos quais os meios físicos, audiovisuais ou virtuais não são capazes de transmitir. Outra contribuição muito importante da memória a serviço da perpetuação das histórias é potencializar as narrativas já conhecidas e ampliar os horizontes daquelas não tão propagadas; afinal, desde sempre as histórias orais bem-contadas cativam as pessoas.

Também os meios físicos ajudaram a perpetuar as narrativas, mas sem necessariamente ter o apoio de um narrador para contar a história.

O que marcou a transição da pré-história para a história da humanidade foi a invenção da escrita, mas isso não significa que o homem pré-histórico não era capaz de produzir registros em meios físicos. Pelo contrário, a arte rupestre – manifestações artísticas identificadas entre gravuras e pinturas presentes em cavernas, rochas, grutas e nos mais diferentes abrigos, de todos os continentes – prova a necessidade que o ser humano sempre teve de registrar suas narrativas, fossem elas mitológicas, religiosas, históricas ou de conquistas.

Ainda assim, foi a invenção da escrita que deu o caráter de durabilidade e fidedignidade às narrativas transmitidas anteriormente pela oralidade. A escrita também deu mais agilidade ao intercâmbio de narrativas que circulavam pelo mundo nos seus mais diferentes meios físicos.

Na Antiguidade, os primeiros registros escritos foram gravados em tábuas de argila e pedras desenvolvidas pelos sumérios, por volta de 3.500 a.C., na região da Mesopotâmia[1] (Le Goff, 1990). Desde então, a escrita se desenvolveu, mas foi apenas no século XV, com a invenção da prensa, por Johannes Gutenberg (ca. 1400-1468), que as narrativas se universalizaram, pois se tornou possível imprimir em grandes quantidades os mais diversos tipos de livros. Além disso, a máquina de Gutenberg possibilitou o surgimento de revistas, jornais, enciclopédias, dicionários, apostilas e todo tipo de material impresso em papel contendo diferentes narrativas.

O meio físico teve uma especial importância no processo de desenvolvimento da educação formal, pois foi por meio de livros didáticos e apostilas que o ensino foi sistematizado. É importante fazer a ressalva de que, em muitos casos, os livros didáticos precisam ser adaptados às realidades e aos contextos, e não raras vezes apresentam conceitos equivocados ou insatisfatórios. De todo modo, quando utilizados da forma correta, eles podem ser uma ferramenta

---

1   A região da antiga Mesopotâmia situava-se na área do sistema fluvial entre os rios Tigre e Eufrates. Atualmente, a Mesopotâmia corresponde a boa parte do território do Iraque, do Kuwait e a uma pequena parcela da Síria.

de auxílio na educação. Igualmente, o contato com livros, revistas e jornais impressos, por exemplo, desde os primeiros anos de vida, ajuda o indivíduo a melhorar a escrita, adquirir mais conhecimentos e cultura, tornar-se mais criativo e aprimorar seu senso crítico.

Cronologicamente, foi a partir do século XX, quando os filmes passaram a ter som e imagens sincronizadas – o chamado "cinema falado" –, que o meio audiovisual surgiu como suporte narrativo. Rapidamente, esse suporte narrativo se desenvolveu em escala mundial e se ramificou com o surgimento de outros produtos.

A invenção da televisão foi fundamental para esse desenvolvimento, pois a partir dela – e para ela – foram criados diversos produtos audiovisuais narrativos que podiam ser consumidos sem que o indivíduo precisasse sair de casa, tais como filmes, documentários, novelas, desenhos animados e minisséries, além de programas esportivos, artísticos, educacionais, culturais, musicais, de auditório, de notícias, de entrevistas, entre outros.

Posteriormente, com o surgimento dos computadores, *videogames*, *notebooks*, *netbooks*, *tablets*, celulares e *smartphones*, os suportes audiovisuais se tornaram ainda mais populares e grandes aliados das narrativas, o que pode ser comprovado, por exemplo, pelo sucesso alcançado pelo YouTube, uma plataforma de compartilhamento de vídeos que podem ser exibidos em *smartphones*, por exemplo.

Inegavelmente, o que faz dos meios audiovisuais suportes extremamente atrativos para veicular narrativas – sobretudo para as gerações mais jovens, os chamados *nativos digitais* – é o encantamento que a união de imagem e som, aliados à tecnologia, é capaz de produzir nas pessoas. Esse encantamento é obtido graças à construção de uma linguagem própria, voltada para públicos específicos, que se utiliza de diferentes recursos para desenvolver a narrativa, tais como efeitos especiais, músicas, enquadramento, iluminação, cortes, tudo cuidadosamente produzido para transmitir uma mensagem que visa influenciar quem está assistindo à narrativa.

Além disso, os suportes audiovisuais têm se tornado gurus de entretenimento para indivíduos de todas as idades. Até mesmo bebês, para se acalmarem enquanto os pais precisam realizar alguma atividade, passam horas diante da televisão assistindo a desenhos animados ou com *smartphones* nas mãos vendo vídeos, com uma naturalidade e domínio da tecnologia que assombram. Também os idosos, pela imposição da sociedade, buscam aprender e se familiarizar com os suportes audiovisuais.

Por sua vez, o suporte virtual no campo das narrativas é aquele que não tem existência física. Tal definição abrange alguns dos produtos – recém-citados – reproduzidos em suportes audiovisuais, além de aplicativos e programas que atendem a esse objetivo, ainda que de formas distintas. O *e-mail*, ou correio eletrônico, é uma dessas ferramentas, que permite construir uma narrativa formal ou informal, dependendo do destinatário. Há, ainda, os *blogs*, páginas na internet nas quais pessoas ou empresas regularmente postam conteúdos sobre assuntos gerais ou específicos, os quais podem ser textos pessoais, corporativos, institucionais, bem como vídeos, músicas, imagens, ilustrações ou fotografias, visando à construção de uma narrativa. Outros suportes virtuais extremamente populares que permitem a construção de narrativas são Facebook, Instagram, WhatsApp, Twitter, Tik Tok e LinkedIn, redes sociais que podem ser utilizadas de forma pessoal ou profissional. Os suportes virtuais a serviço da narrativa também estão presentes na educação, nos chamados *ambientes virtuais de aprendizagem*, muito utilizados na educação a distância (EaD).

Tal como o suporte audiovisual, o virtual também é bastante atraente do ponto de vista da disseminação de narrativas. O principal atrativo é a tecnologia, que, aliada à praticidade e ao acesso às plataformas virtuais e aplicativos, faz os indivíduos incorporarem essas formas de consumo de narrativas em seu dia a dia.

Assim, no que diz respeito aos suportes utilizados para a materialização de uma narrativa, não há como desconsiderar dois fatores: intencionalidade e linguagem. Como declaramos, toda narrativa visa atingir um público, e a mensagem terá maior sucesso em seu objetivo se for transmitida em uma linguagem adequada e que atinja o público ao qual foi direcionada.

Contudo, é importante frisar que o fato de haver diferentes suportes pelos quais as narrativas são contadas e disponibilizadas não significa que tais suportes são excludentes ou incompatíveis uns com os outros. Pelo contrário, estão cada vez mais integrados, para permitir que as narrativas sejam contadas de forma completa – o que é conhecido como *narrativa transmídia*, temática que mais adiante será abordada neste livro.

Tipos de narrativas

Síntese

Neste capítulo, expusemos diferentes tipos e estilos de narrativas que ajudam a construir os processos de escrita que, para além de qualquer definição, devem – e precisam – estar inseridos em diferentes contextos. E as diferentes modalidades de narrativa oferecem, também, diversos suportes. Se antes era perceptível o papel como suporte majotirário, atualmente o compartilhamento em nuvem, os ambientes virtuais e outras estratégias de veiculação digital tomam a frente da mídia de massa. A reprodução em larga escala tomou outras proporções e integra uma desterritorialização que acompanha uma ideia de hibridismo social, como analisaremos adiante.

Questões para revisão

1. Discorra a respeito das funções narrativas, exemplificando-as.
2. Aponte duas diferenças entre conto e novela.
3. A crônica é:
   a) um texto curto e de fácil entendimento, sempre ficcional.
   b) uma narrativa híbrida que trata de assuntos do cotidiano ou de temas históricos, sociais e políticos.
   c) uma mescla entre o real e o místico, sendo exclusivamente literária.
   d) entre as prosas literárias, a mais extensa e que apresenta a narrativa mais intrincada.
   e) uma construção textual dividida em introdução, desenvolvimento e conclusão.

4. Analise as proposições a seguir sobre narrativas e suportes e qualifique-as como verdadeiras (V) ou falsas (F):

( ) As primeiras narrativas surgiram com a oralidade, e a forma como as histórias orais eram e continuam sendo contadas tem relação com a memória.

( ) O meio físico foi muito importante no processo de desenvolvimento da educação formal, na medida em que permitiu a sistematização do ensino.

( ) A intencionalidade e a linguagem são indispensáveis para a materialização de uma narrativa.

( ) O que torna os meios audiovisuais suportes atrativos para as narrativas é a capacidade exclusiva deles de se adaptarem aos dispositivos móveis.

( ) A construção de uma linguagem adequada é uma premissa básica para se obter sucesso no que tange à transmissão da mensagem.

Agora, assinale a alternativa que apresenta a sequência correta de preenchimento dos parênteses, de cima para baixo:

a) V, V, V, V, V.
b) V, V, V, V, F.
c) F, V, F, F, V.
d) V, V, V, F, V.
e) F, F, V, F, V.

5. As narrativas são:
   a) construções textuais exclusivamente literárias que incrementam as histórias não pautadas na oralidade.
   b) registros históricos orais, em forma de versos, que se perpetuam através do tempo, sendo repassados de uma geração para outra.
   c) resultado da arte de contar uma história, descrever algo ou algum acontecimento, com toda a riqueza de detalhes possível.
   d) textos escritos em prosa não ficcionais.
   e) estruturas textuais que englobam toda e qualquer linguagem literária, também chamada de *prosa demonstrativa*.

Questões para reflexão

1. De que forma é possível identificar a intencionalidade do emissor de um texto jornalístico?

2. Descreva a importância da crônica para o jornalismo.

Capítulo
02

Estrutura da narrativa

Conteúdos do capítulo

- Enredo.
- Personagem.
- Tempo.
- Espaço.
- Foco narrativo.

Após o estudo deste capítulo, você será capaz de:

1. identificar os elementos da narrativa;
2. discorrer a respeito dos elementos da narrativa;
3. descrever a importância da estrutura narrativa para a construção da história.

2.1
Enredo

Também conhecido como *ação*, *intriga* ou *trama*, o enredo é o elemento que corresponde à sucessão de fatos e acontecimentos vividos pelos personagens, contados de forma linear ou não, em determinado tempo e espaço. É considerado o elemento mais importante da narrativa, pois sem enredo não há história.

É estruturado da seguinte forma: introdução, também chamada de *apresentação*; exposição ou situação inicial; desenvolvimento ou complicação; clímax; e conclusão, também conhecida como *desfecho*, *desenlace* ou *epílogo*.

A **introdução** corresponde à parte inicial do enredo, na qual os personagens principais são apresentados, com algumas de suas características físicas ou psicológicas. Nessa parte, também são expostos os fatos iniciais da trama.

O **desenvolvimento** diz respeito à parte mais extensa do enredo, justamente porque é nele que a história ganha corpo, com a sucessão de fatos inseridos na história, bem como os conflitos gerados entre os personagens e que provocam rupturas ou alterações na situação inicial. O **conflito** é um componente fundamental no desenvolvimento do enredo. No decorrer da história, é possível haver diversos conflitos, de maior ou menor grau, de ordem econômica, ideológica, moral, religiosa, entre outros.

Gancho (2006, p. 13) define o conflito como:

> qualquer componente da história (personagens, fatos, ambiente, ideias, emoções) que se opõe a outro, criando uma tensão que organiza os fatos da história e prende a atenção do leitor. Em geral, o conflito se define pela tensão criada entre o desejo da personagem principal (isto é, sua intenção no enredo) e alguma força opositora, que pode ser uma outra personagem, o ambiente, ou mesmo algo do universo psicológico.

O **clímax**[1], tal como o próprio nome já diz, é o ponto mais alto da trama no que tange à emoção ou tensão. Refere-se ao momento no qual os personagens que estão em campos opostos da história tomam as decisões cruciais, o que torna o desfecho inevitável e norteia a parte final da história.

A **conclusão** é a última parte da trama, momento em que os personagens têm suas histórias encerradas. Normalmente, é quando

---

[1] Recentemente, o cineasta argentino radicado na França Gaspar Noé brincou com a ideia do zênite em uma obra artística. Seu filme *Clímax* dialoga com a possibilidade de ápice narrativo e suas diversas interpretações. A partir da experiência de um grupo de dança, cujas vivências pessoais tornam conflituoso o convívio, Noé desconstrói o conceito de criar disparadores falsos de clímax durante todo o longa-metragem.

as dúvidas e os mistérios são desvendados; no entanto, é possível propositalmente provocar um clima de suspense ao não solucionar algum aspecto de primeira grandeza no enredo, deixando em aberto a possibilidade de uma continuação da trama, no futuro, ainda que isso possa frustrar quem a está acompanhando. A conclusão pode ser o clássico final feliz ou ser trágica, divertida, irônica. Além disso, a solução dos conflitos talvez não seja a esperada ou a que se mostrava mais lógica no desenvolvimento ou no clímax.

2.2
Personagem

Em uma trama ou um enredo narrativo, os personagens são os indivíduos que realizam as ações – são, por assim dizer, as "estrelas do espetáculo".

Evidentemente, há uma tipificação dos personagens, que é definida pelo grau de importância de cada um dentro do enredo. Dessa forma, tem-se o **protagonista**, que é o personagem principal, podendo ser: o herói, identificado como um indivíduo que apresenta um conjunto de características que o distingue como superior perante os demais indivíduos; ou o anti-herói, que não carrega consigo nenhuma característica destacadamente superior aos demais, muitas vezes tendo falhas de caráter, honradez e ética.

Conforme Gancho (2006, p. 18), esse tipo de personagem é muito comum na literatura brasileira:

> Na literatura brasileira são mais frequentes os anti-heróis, sempre vítimas das adversidades ou de seus próprios defeitos

de caráter, como Leonardo de Memórias de um sargento de milícias, de Manuel Antônio de Almeida, e Macunaíma, o "herói sem nenhum caráter", como registra o próprio autor Mário de Andrade.

No lado oposto do enredo está o **antagonista**, personagem que rivaliza diretamente com o protagonista, por querer tomar o lugar deste na trama ou mesmo por divergências de personalidade. De uma forma ou de outra, o antagonista costuma ser identificado como o vilão da história, pois é quem provoca o conflito ou busca prejudicar o herói (ou anti-herói).

Existem também os **coadjuvantes**, que são personagens secundários com alguma relevância na trama. Normalmente, têm uma pequena história própria, e na maior parte do enredo auxiliam os personagens principais. Já os personagens considerados **figurantes** não têm histórias próprias e são citados em momentos específicos da história, sendo esquecidos imediatamente após o episódio no qual estão inseridos.

Do ponto de vista da existência, os personagens podem ser:

- reais ou históricos – como os existentes em textos jornalísticos literários;
- fictícios ou ficcionais – criados pelo autor da história, ainda que possam ser inspirados em pessoas reais;
- reais-ficcionais – embora existam, suas personalidades são inventadas;

- ficcionais-ficcionais – personagens totalmente inventados, inseridos em histórias também plenamente inventadas;
- ficcionais-reais – personagens inventados, mas que em algum momento passam a existir no mundo real.

A **caracterização** é outro aspecto que auxilia a identificar o comportamento do personagem na história. As características apresentadas na composição dos personagens podem ser:

- físicas – envolvem a descrição do corpo ou mesmo das roupas;
- psicológicas – têm relação com a subjetividade de cada um;
- ideológicas – correspondem às convicções políticas, religiosas, de criação e modo de vida; e
- sociais – dizem respeito à profissão, ao trabalho e à classe social.

Ainda a esse respeito, existem duas classificações de personagens: os planos e os redondos.

Os personagens **planos** são aqueles indivíduos menos complexos, com poucos atributos e, por consequência, de fácil análise. Existem dois subgrupos de personagens dentro da caracterização plano: o **tipo**, que é um personagem cujos atributos são facilmente identificáveis e não variam; e a **caricatura**, um tipo de personagem reconhecido por agir de forma ridícula e grotesca, provocando risos nas pessoas por seu comportamento, por seus atos ou por suas falas previsíveis.

Os personagens **redondos**, por seu turno, apresentam mais características, que muitas vezes dificultam a tentativa, por parte de quem está acompanhando a história, de traçar um perfil satisfatório a respeito deles.

Por sua maior complexidade e pelo fato de as características que definem a moral estarem ocultas, os personagens redondos exigem uma compreensão mais apurada, pois são mais complexos ou podem mudar seus atributos à medida que o enredo se desenvolve, sendo mais difícil rotulá-los por determinado traço.

Os personagens tanto podem ser pessoas quanto animais, vegetais, seres inanimados, mitológicos, fantasiosos, objetos e, até mesmo, sentimentos e emoções.

2.3 Tempo

Na narrativa, o tempo é o elemento que determina o período em que ela se desenvolve e que define a ordem sequencial dos eventos da narrativa, bem como o desenrolar, o intervalo e a duração dos acontecimentos. O tempo pode ser dividido em cronológico e psicológico.

O **tempo cronológico**, tal como indica o nome, é o que marca a sucessão de eventos, na exata ordem na qual eles acontecem. Ele não é obrigatoriamente medido em minutos, horas, dias ou mesmo em períodos como manhã, tarde ou noite, podendo ser indicado em períodos mais longos, como meses, anos, décadas, séculos, e por datas comemorativas, como Natal, Páscoa, Dia das Mães ou Carnaval.

Por sua vez, o **tempo psicológico** não é igual para todos. Cada personagem ou mesmo o narrador tem seu próprio tempo – no caso, subjetivo e interno. O tempo psicológico auxilia na construção da personalidade e das características dos indivíduos que participam da trama. De acordo com Gancho (2006, p. 26), "uma das técnicas mais conhecidas e utilizadas a serviço do tempo psicológico nas narrativas é o *flashback*, que consiste em voltar no tempo".

O *flashback* pode ocorrer pela interrupção da história presente, a fim de que algo do passado seja relatado, visando provocar suspense ou simplesmente inserir alguma informação referente a um personagem – e que se faz necessária para que esse personagem seja mais bem compreendido. Também é possível fazer um *flashback* dentro de outro *flashback*, tal como acontece no romance *Memórias Póstumas de Brás Cubas*, de Machado de Assis (1839-1908), no qual a história começa com a morte do personagem principal, narrada por ele mesmo, e que inaugura no Brasil o realismo, movimento literário cuja pedra-fundamental é *Madame Bovary*, de Gustave Flaubert (1821-1880).

O trecho a seguir, retirado da obra recém-citada de Machado de Assis, expõe um exemplo de *flashback*: "expirei às duas horas da tarde de uma sexta-feira do mês de agosto de 1869, na minha bela chácara de Catumbi. Tinha uns sessenta e quatro anos, rijos e prósperos, era solteiro, possuía cerca de trezentos contos e fui acompanhado ao cemitério por onze amigos" (Machado de Assis, 2014, p. 33).

2.4
Espaço

O espaço refere-se ao lugar onde a narrativa se desenrola, bem como ao local em que os personagens atuam, circulam e se cruzam no decorrer da trama, podendo ser físico, psicológico, social, econômico, entre outros.

No caso do **espaço físico**, o narrador é quem define onde se passa a história – pode ser um lugar real ou inventado. Esse espaço é subdividido em: **fechado**, como um apartamento, uma escola, um hospital ou mesmo um quarto; e **aberto**, tal como uma rua, um bairro, uma cidade ou um país.

Quando o espaço é de ordem psicológica, econômica, social, ele é chamado de *ambiente* e envolve os sentimentos, as ideias e experiências dos personagens, bem como as características sociais, sem um local determinado e identificado.

Gancho (2006, p. 27, grifo do original) assim define o ambiente:

> espaço carregado de características socioeconômicas, morais e psicológicas em que vivem as personagens. Neste sentido, ambiente é um conceito que aproxima tempo e espaço, pois é a confluência destes dois referenciais, acrescida de um **clima**. Clima é o conjunto de determinantes que cercam as personagens, que poderiam ser resumidas às seguintes condições: socioeconômicas; morais; religiosas; psicológicas.

Os elementos que conformam o **clima** da obra são peças fundamentais do quebra-cabeça narrativo, criando uma experiência de leitura bastante significativa. Obras distópicas, como *1984*, de George Orwell (1903-1950), *Admirável mundo novo*, de Aldous Huxley (1894-1963), e *Fahrenheit 451*, de Ray Bradbury (1920-2012), considerados a santíssima trindade da distopia, remetem a uma sociedade opressora. Para compor esse clima, os autores exploram, entre outros aspectos, a fisionomia e as roupas dos personagens, e a arquitetura do ambiente descrito cria uma atmosfera de claustrofobia e sufocamento.

No que diz respeito à composição do clima e criação de um padrão para determinadas narrativas, talvez nenhum exemplo seja mais contundente que *Metrópolis*, longa-metragem do diretor Fritz Lang (1890-1976) – inspirado no livro homônimo de Thea von Harbou (1888-1954) –, que se tornou a base para a imagética do ambiente urbano mecanicista e humamente decadente[2].

2.5
Foco narrativo

O foco narrativo é um elemento indispensável na narrativa, pois é por meio dele que o narrador faz conhecer a história, a qual pode ser contada de diferentes maneiras, sob diferentes prismas e olhares. As histórias podem ser alegres, tristes, curiosas, românticas ou críticas, e independentemente da forma como forem escritas, sempre há um narrador.

Contudo, é importante esclarecer que, na maioria das vezes, autor e narrador não coincidem. Via de regra, o autor é quem escreve a história, quem cria a obra, seja ela um livro, um conto ou uma crônica; sendo assim, ele é real, isto é, vive no mundo real; já o narrador é um personagem criado na imaginação do autor para contar a história que está sendo escrita; logo, ele só existe no universo da trama.

- - - - -

2   A Los Angeles de *Blade Runner*, de Ridley Scott, baseado no livro *Androides sonham com ovelhas elétricas*, de Philip K. Dick (1928-1982), e a Gotham City, de *Batman*, em especial a do longa-metragem dirigido por Tim Burton, foram concebidas com base na estética de *Metrópolis*.

Entretanto, toda regra apresenta suas exceções e, em alguns casos, como especificaremos adiante, quando tratarmos das características do jornalismo literário, o autor se coloca também na condição de narrador da trama, guiando os personagens.

Ressaltamos, ainda, que tais histórias podem ser fictícias, baseadas em fatos reais ou inteiramente reais, contadas por um narrador real (no caso, o autor), fictício ou que se apresenta por um pseudônimo (quando o autor quer participar da obra na condição de narrador ou personagem e se utiliza de outro nome para não ser identificado). A forma como o narrador se coloca na história é que o identifica na trama, havendo duas possibilidades de focos narrativos: de primeira e de terceira pessoa.

O foco narrativo em **primeira pessoa** é caracterizado quando o narrador também é personagem da história. Esse tipo de narrador tanto pode ser o protagonista quanto um personagem secundário, nesse caso sendo chamado de **narrador-testemunha** – aquele que narra a saga do personagem principal.

Vale aqui fazer um alerta: o fato de o personagem principal contar a história não dá garantias ao leitor de que o que ele narra a partir de seu ponto de vista reflita o que de fato aconteceu, pois o personagem pode apresentar um olhar distorcido do contexto, conduzindo o espectador a uma análise equivocada da situação. Além disso, por ser o protagonista, ele dedica pouco espaço para a caracterização dos demais personagens da história, o que, por assim dizer, empobrece a narrativa, já que a análise periférica dos fatos é superficial, rasa e, muitas vezes, deixa lacunas na trama.

Um exemplo de narrador protagonista é Paulo Honório, personagem criado pelo escritor Graciliano Ramos (1892-1953), em *São Bernardo*, romance publicado originalmente em 1934. Proprietário da Fazenda São Bernardo, adquirida do antigo dono que ele ajudou a endividar, dando-lhe péssimos conselhos de administração das finanças, Paulo Honório conta a própria história, conforme o trecho a seguir, extraído da referida obra:

:: **Trecho do romance *São Bernardo*, de Graciliano Ramos**

> Começo declarando que me chamo Paulo Honório, peso oitenta e nove quilos e completei cinquenta anos pelo São Pedro. A idade, o peso, as sobrancelhas cerradas e grisalhas, este rosto vermelho e cabeludo, têm-me rendido muita consideração. Quando me faltavam estas qualidades, a consideração era menor.
>
> Para falar com franqueza, o número de anos assim positivo e a data de São Pedro são convencionais: adoto-os porque estão no livro de assentamentos de batizados da freguesia. Possuo a certidão, que menciona padrinhos, mas não menciona pai nem mãe. Provavelmente eles tinham motivo para não desejarem ser conhecidos. Não posso, portanto, festejar com exatidão o meu aniversário. Em todo o caso, se houver diferença, não deve ser grande, mês a mais ou mês a menos. Isto não vale nada. Acontecimentos importantes estão nas mesmas condições.

Fonte: Ramos, 1988, p. 12.

O narrador-testemunha tem a função de contar a história do personagem principal; tal como o protagonista, o faz em primeira pessoa, relatando os fatos que vivenciou ou que considera verdadeiros. Assim, igualmente, expõe uma visão subjetiva e particular dos acontecimentos.

De qualquer modo, o narrador-testemunha apresenta uma vantagem em relação ao protagonista, pois, embora esteja inserido na história, seu campo de visão é maior do que o do protagonista. Com isso, tende a narrar de forma impessoal, sem estar tão impregnado de emoções e subjetividades.

Um exemplo de narrador-testemunha é o personagem não identificado do conto "Fatalidade", que está inserido numa coletânea de 21 contos de João Guimarães Rosa (1908-1967), publicada em 1962. Nesse conto, um indivíduo pede socorro a um amigo, delegado da cidade, porque um desafeto estava desejando sua mulher; o personagem desconhecido relata, então, de que forma o amigo delegado resolve a questão.

:: **Trecho do conto *Fatalidade*, de João Guimarães Rosa**

> Foi o caso que um homenzinho, recém-aparecido na cidade, veio à casa do Meu Amigo, por questão de vida e morte, pedir providências. Meu Amigo sendo de vasto saber e pensar, poeta, professor, ex-sargento de cavalaria e delegado de polícia. Por tudo, talvez, costumava afirmar: — "*A vida de um ser humano, entre os outros seres, é impossível. O que vemos, é apenas milagre; salvo melhor raciocínio.*" Meu Amigo sendo fatalista.

> [...]
> Representou: que era casado, em face do civil e da igreja, sem filhos, morador no arraial do Pai-do-Padre. Vivia tão bem, com a mulher, que tirava divertimento do comum e no trabalho não compunha desgosto. Mas, de mandado do mal, se deu que foi infernar lá um desordeiro, vindiço, se engraçou desbrioso com a mulher, olhou para ela com olho quente... — *"Qual é o nome?"* — Meu Amigo o interrompeu; ele seguia biograficamente os valentões do Sul do Estado. — *"É um Herculinão, cujo sobrenome Socó..."* — explicou o homenzinho.

Fonte: Guimarães Rosa, 2001, p. 86-87, grifo do original.

O foco narrativo em **terceira pessoa** se caracteriza quando o narrador não participa dos acontecimentos da história. Apresenta-se também em dois tipos: narrador-observador e narrador onisciente e onipresente.

Ao assumir a posição de espectador, o **narrador-observador** analisa as situações de uma forma mais imparcial e isenta do que os narradores em primeira pessoa, justamente porque não tem nenhum tipo de envolvimento emocional na trama. Ele desconhece o passado dos personagens e suas histórias, e não tem acesso ao que os personagens pensam; assim, suas análises são pautadas nas ações e afirmações dos personagens no momento em que elas acontecem. Isso o coloca no mesmo patamar do leitor.

Um exemplo de obra escrita com a técnica de narrador-observador é *O cortiço*, de Aluísio Azevedo (1857-1913), publicada em 1890, e que narra a história de ascensão social de João Romão. Esse personagem torna-se proprietário de um coletivo de quase uma centena de habitações humildes e, sem nenhum escrúpulo, faz de tudo para enriquecer e alcançar o *status* social de pequeno burguês.

:: Trecho do romance *O cortiço*, de Aluísio Azevedo

> João Romão foi, dos treze aos vinte e cinco anos, empregado de um vendeiro que enriqueceu entre as quatro paredes de uma suja e obscura taverna nos refolhos do bairro do Botafogo; e tanto economizou do pouco que ganhara nessa dúzia de anos, que, ao retirar-se o patrão para a terra, lhe deixou, em pagamento de ordenados vencidos, nem só a venda com o que estava dentro, como ainda um conto e quinhentos em dinheiro.
>
> Proprietário e estabelecido por sua conta, o rapaz atirou-se à labutação ainda com mais ardor, possuindo-se de tal delírio de enriquecer, que afrontava resignado as mais duras privações. Dormia sobre o balcão da própria venda, em cima de uma esteira, fazendo travesseiro de um saco de estopa cheio de palha. A comida arranjava-lhe, mediante quatrocentos réis por dia, uma quitandeira sua vizinha, a Bertoleza, crioula trintona, escrava de um velho cego residente em Juiz de Fora e amigada com um português que tinha uma carroça de mão e fazia fretes na cidade.

Fonte: Azevedo, 2019, p. 13.

O **narrador onisciente e onipresente** é aquele que conhece plenamente, em todos os detalhes, tanto a história quanto cada um dos personagens da trama, inclusive os segredos e pensamentos mais íntimos de cada um, revelando-os para o leitor. Isso, por vezes, faz sua narrativa ocorrer em primeira pessoa, com uso do discurso livre indireto, ou seja, suas falas se confundem com as dos personagens. Na maioria dos casos, porém, esse narrador utiliza a terceira pessoa. Pode ser subdividido em onisciente intruso, onisciente neutro e onisciente seletivo.

O **narrador onisciente intruso** é assim chamado porque fala diretamente com o leitor e faz comentários incisivos a respeito dos personagens, lançando juízos de valor no decorrer da trama. Leite (2002, p. 26-27, grifo do original) explica que:

> Esse tipo de **narrador** tem a liberdade de narrar à vontade, de colocar-se acima, ou, como quer J. Pouillon, **por trás**, adotando um **ponto de vista** divino, como diria Sartre, para além dos limites de tempo e espaço. Pode também narrar da periferia dos acontecimentos, ou do centro deles, ou ainda limitar-se e narrar como se estivesse **de fora**, ou **de frente**, podendo, ainda, mudar e adotar sucessivamente várias posições.

Um exemplo de obra que apresenta um narrador onisciente intruso é *Quincas Borba*, de Machado de Assis, publicada em 1891. O romance é o segundo da trilogia formada pelo antecessor *Memórias Póstumas de Brás Cubas* e por *Dom Casmurro*.

:: Trecho do romance *Quincas Borba*, de Machado de Assis

> Mas já são muitas idéias, – são idéias demais; em todo caso são idéias de cachorro, poeira de idéias, – menos ainda que poeira, explicará o leitor. Mas a verdade é que este olho que se abre de quando em quando para fixar o espaço, tão expressivamente, parece traduzir alguma coisa, que brilha lá dentro, lá muito ao fundo de outra coisa que não sei como diga, para exprimir uma parte canina, que não é a cauda nem as orelhas. Pobre língua humana!
>
> Afinal adormece. Então as imagens da vida brincam nele, em sonho, vagas, recentes, farrapo daqui remendo dali. Quando acorda, esqueceu o mal; tem em si uma expressão, que não digo seja melancolia, para não agravar o leitor. Diz-se de uma paisagem que é melancólica, mas não se diz igual coisa de um cão. A razão não pode ser outra senão que a melancolia da paisagem está em nós mesmos, enquanto que atribuí-la ao cão é deixá-la fora de nós. Seja o que for, é alguma coisa que não a alegria de há pouco; mas venha um assobio do cozinheiro, ou um gesto do senhor, e lá vai tudo embora, os olhos brilham, o prazer arregaça-lhe o focinho, e as pernas voam que parecem asas.

Fonte: Machado de Assis, 2013, p. 20.

O **narrador onisciente neutro**, por sua vez, não tece comentários sobre a história ou os personagens nem tenta influenciar o leitor. Ele se limita a narrar os fatos de forma parcial. O livro *Madame*

Bovary, de Gustave Flaubert, publicado em 1857, narra a história da protagonista Emma Bovary. A seguir, reproduzimos um trecho dessa obra.

:: Trecho do romance *Madame Bovary*, de Gustave Flaubert

> Uma vez casado, viveu dois ou três anos em cima da fortuna da mulher, jantando bem, levantando-se tarde, fumando grandes cachimbos de porcelana, só voltando à noite para casa após o espetáculo e frequentando os cafés. O sogro morreu e deixou pouca coisa; ele ficou indignado, lançou-se na indústria, perdeu nisso algum dinheiro, depois retirou-se para o campo, onde quis fazer render a terra. Mas como não entendia mais de cultura do que de chita, montava em seus cavalos em vez de mandá-los para a lavoura, bebia a sua sidra em garrafas em vez de vendê-la em barricas, comia as mais belas aves do galinheiro e engraxava as botas de caça com a banha de seus porcos, não tardou a se dar conta de que era melhor deixar para lá qualquer especulação.

Fonte: Flaubert, 2014, p. 81.

Por fim, o **narrador seletivo** tem por característica eleger um ou alguns personagens que ganham destaque em sua narrativa, em detrimento dos demais. Uma obra em que se observa esse tipo de narrador é *Vidas secas*, de Graciliano Ramos, publicada em 1938, e que relata a vida miserável de uma família de retirantes que luta para sobreviver no sertão nordestino.

:: **Trecho do romance *Vidas secas*,
de Graciliano Ramos**

> Realmente para eles era bem pequeno, mas afirmavam que era grande – e marchavam, meio confiados, meio inquietos. Olharam os meninos, que olhavam os montes distantes, onde havia seres misteriosos. Em que estariam pensando? zumbiu Sinha Vitória.
>
> Fabiano estranhou a pergunta e rosnou uma objeção. Menino é bicho miúdo, não pensa. Mas Sinha Vitória renovou a pergunta – e a certeza do marido abalou-se. Ela devia ter razão. Tinha sempre razão. Agora desejava saber que iriam fazer os filhos quando crescessem.

Fonte: Ramos, 2002, p. 45.

Síntese

Neste capítulo, demonstramos que uma narrativa é, acima de tudo, técnica. Descrevemos os diferentes elementos que dão corpo ao texto e evidenciamos que a criação de uma atmosfera é fundamental para o desenvolvimento da narrativa e o envolvimento do leitor. A literatura, como abordada nos exemplos, mostra as inúmeras possibilidades de construção narrativa e composição estilística.

Outro ponto bastante importante exposto neste capítulo reside no momento histórico em que o texto foi escrito. Por exemplo, a prosa de Guimarães Rosa, um dos expoentes da *Geração de 45*, é completamente distinta da escrita de Aluísio Azevedo, um dos nomes mais importante do naturalismo brasileiro. Portanto, é preciso levar em consideração o *Zeitgeist*, isto é, o espírito do tempo, que orienta muitas das escolhas dos autores.

Nesse sentido, o jornalismo experimentou muitos *modus operandi*. Se atualmente a prosa jornalística não tem qualquer caráter descritivo, até o final da Segunda Guerra Mundial (1939-1945) a redação dos jornais não buscava o poder de síntese; ao contrário, tinha um caráter formal e prolixo, distante da linguagem do povo, tanto que muitos dos jornalistas tornavam-se também autores de literatura, e vice-versa.

Questões para revisão

1. O que é foco narrativo?

2. Diferencie protagonista de antagonista.

3. Analise as proposições a seguir sobre foco narrativo e qualifique-as como verdadeiras (V) ou falsas (F):
   ( ) É por meio dele que o narrador conta a história.
   ( ) O foco narrativo em primeira pessoa é caracterizado pelo narrador também ser o personagem da história.
   ( ) O narrador-testemunha está inserido na história, mas não é o personagem principal.
   ( ) O foco narrativo em terceira pessoa se caracteriza por revelar um narrador que não participa dos acontecimentos narrados.

( ) O foco narrativo em terceira pessoa apresenta dois tipos de narradores: narrador-observador e narrador onisciente e onipresente.

Agora, assinale a alternativa que corresponde à sequência obtida:

a) V, V, V, V, V.
b) F, V, V, F, V.
c) V, F. F, V, V.
d) V, V, V, V, F.
e) F, F, V, F, F.

4. Entre as características do enredo, tem-se:
   a) o desenvolvimento, parte inicial do enredo, na qual os personagens principais são apresentados.
   b) o clímax, que se refere ao ponto da trama em que a história se desenvolve.
   c) a não exigência de uma estruturação textual definida, sendo uma escrita totalmente livre e desordenada.
   d) a conclusão, que é revelada no decorrer da história, e justamente por isso sempre apresenta o mesmo desfecho.
   e) o conflito, componente fundamental do enredo; no decorrer da história é possível haver diversos conflitos.

5. Os personagens são importantes na estrutura narrativa porque:
   a) definem se o final da trama será feliz, trágico, divertido, irônico etc.
   b) sem eles, o foco narrativo se caracterizaria somente pelo narrador em primeira pessoa.

c) realizam as ações na trama, podendo ser pessoas, animais, vegetais, seres inanimados ou objetos.

d) são os responsáveis pela ordem sequencial dos eventos da narrativa e garantem o intervalo e a duração dos acontecimentos.

e) são apenas ficcionais, mas, em algum momento, passam a existir no mundo real.

Questões para reflexão

1. Relacione a caracterização dos personagens com o comportamento deles em uma história.

2. Qual é a diferença entre autor e narrador?

Capítulo
03

Jornalismo literário

Conteúdos do capítulo

- Contextualização do jornalismo literário.
- Características do jornalismo literário.
- Jornalismo literário no Brasil: um relato histórico.
- Gonzo: a vertente rebelde do *new journalism*.
- Jornalismo literário na atualidade.

Após o estudo deste capítulo, você será capaz de:

1. caracterizar o jornalismo literário;
2. relatar como o jornalismo literário se desenvolveu no Brasil;
3. listar as especificidades do jornalismo gonzo;
4. relacionar as particularidades do jornalismo literário na atualidade.

3.1
Contextualização do jornalismo literário

O jornalismo literário, também chamado de *jornalismo diversional*, *literatura não ficcional* ou *narrativa da realidade*, é um estilo de narrativa que une texto jornalístico e literatura, objetivando uma informação mais aprofundada, mais cuidadosa – do ponto de vista dos detalhes. Ele se distancia do texto jornalístico diário produzido nas redações, indo no caminho oposto à estrutura de construção de texto baseada no lide e na pirâmide invertida.

Antes, porém, de comentarmos as características do jornalismo literário ou como ele se configura e está se desenvolvendo na atualidade, é importante esclarecermos em qual momento e em que contexto jornalismo e literatura passaram a caminhar juntos.

Cronologicamente, foi nos jornais impressos europeus que o texto semelhante ao literário apareceu pela primeira vez, já no final do século XVIII, e se manteve no auge até meados do século XIX no Velho Continente. Esse período do jornalismo, conforme citado por

Ciro Marcondes Filho (2000) no livro *Comunicação e jornalismo: a saga dos cães perdidos*, é chamado de *primeiro jornalismo*, marcado por textos mais críticos, com forte cunho político e viés literário.

Outro fato importante desse período é que quem assinava os textos eram, em sua maioria, escritores, políticos e profissionais liberais, visto que a profissão de jornalista não estava consolidada. Da mesma forma, os veículos de comunicação não eram tratados como empresas. Isso explica a quantidade de periódicos que surgiam e desapareciam, pois eram extremamente frágeis do ponto de vista econômico, feito por amadores, em muitos casos.

Os jornais franceses foram os primeiros a criar um espaço específico para o texto literário, conhecido como *folhetim*, que se popularizou no século XIX. Esses textos eram escritos por romancistas e eram publicados de forma fracionada em capítulos, para o deleite dos leitores, que se viam atraídos pelo realismo das histórias. Os folhetins se tornaram uma grande fonte de lucro para os jornais e as revistas que os publicavam, bem como para os escritores, que viam neles uma oportunidade de garantir renda.

Entre os autores que popularizaram o estilo, citamos: Eugène Sue (1804-1857), que teve seu romance *Os mistérios de Paris* totalmente publicado em capítulos diários de jornal impresso, sendo considerado o romance realista mais famoso da história contado em folhetim; Alexandre Dumas (1802-1870), com o mundialmente conhecido *O Conde de Monte Cristo*; e Honoré de Balzac (1799-1850), que publicou diversas obras em folhetins, como *A solteirona*.

O Brasil também observou o sucesso dos folhetins, publicados sobretudo em jornais impressos e em algumas revistas ao longo do Segundo Império até o final do século XIX, quando alcançou seu auge, mesmo a esmagadora maioria da população sendo analfabeta. A obra *A moreninha*, de Joaquim Manuel de Macedo (1820-1882), publicada em 1844, no *Jornal do Comércio*, é considerada o romance folhetim de maior sucesso na história brasileira.

Outros escritores brasileiros que ganhariam notoriedade também tiveram obras publicadas em folhetins. José de Alencar (1829-1877) publicou o primeiro capítulo de *O guarani* no *Diário do Rio de Janeiro*, em 1857; Lima Barreto (1881-1922), em 1911, publicou no *Jornal do Comércio* a obra *Triste fim de Policarpo Quaresma*; e Machado de Assis, que durante sua vida profissional alcançou sucesso como jornalista, colaborando com diversos jornais e revistas, escreveu diversas obras em formato folhetim, como *Quincas Borba*, publicada na revista *A estação*, entre 1886 e 1891.

Contudo, o jornalismo do século XX sofreu transformações graças à formação dos grandes conglomerados empresariais jornalísticos, que, visando ao lucro, valorizavam a objetividade dos textos; afinal, era preciso ser ágil e lidar com tempo reduzido e parcos recursos financeiros e humanos. Como publicar histórias extensas demandava uma dedicação maior de quem as escrevia, os textos literários – no caso, romances, folhetins ou suplementos – praticamente desapareceram dos veículos impressos.

Se as narrativas literárias perderam força nos jornais e nas revistas, uma modalidade não tão nova ganhou espaço na literatura mundial a partir da década de 1960: o **livro-reportagem**. Afirmamos que não se tratava de uma novidade porque, desde o início do século XX foram registradas obras literárias extremamente relevantes em forma de reportagem. Um exemplo é o livro *Os sertões*, de Euclides da Cunha (1866-1909), publicada em 1902, que apresenta um relato preciso e detalhado da Guerra de Canudos, travada entre o exército brasileiro e um movimento popular liderado por Antônio Conselheiro (1830-1897) que defendia a volta da monarquia. A guerra ocorreu entre 1896 e 1897, no município de Canudos, na Bahia, período no qual o escritor acompanhou o desenrolar do conflito como repórter enviado especial do jornal *O Estado de S.Paulo*.

Como exemplos de autores estrangeiros do gênero, mencionamos: John Reed (1887-1920), com sua obra *Dez dias que abalaram o mundo*, publicada em 1919, a qual narra a Revolução Russa de 1917; e John Hersey (1914-1993), que publicou *Hiroshima*, em 1946, ocupando edição inteira da revista *The New Yorker* (posteriormente, a história virou livro). No entanto, a obra mais lembrada do jornalismo literário no mundo é *A sangue frio*, de Truman Capote (1924-1984).

O livro de Capote, que teve o seu primeiro capítulo também publicado na revista *The New Yorker*, em 1965, é fruto de uma extensa pesquisa que o autor desenvolveu de 1959 a 1965, para levantar os detalhes do assassinato de uma família cometido por dois indivíduos, em 1959, no interior dos Estados Unidos. Capote se interessou pelo caso e realizou a reconstituição do crime, criando um vínculo de proximidade com os dois assassinos, até a execução de ambos, em 1965.

Para Paulo Francis (2012b, p. 154-155, grifo do original):

> Capote se encontrou no jornalismo. [...] É como se a obrigação do jornalista de se ancorar em fatos tivesse libertado Capote do bloqueio psicológico que tinha (e morreu com, que se saiba)

em relação aos pais, e baseando-se em fatos criou personagens e situações de rara vida sobre a vulgaridade americana e a repressão soviética.

[...]

Capote revela em *A sangue-frio* uma América de pequenas cidades e de gente pequena. O livro vive da organização desses detalhes, num estilo de uma clareza e seletividade que fazem a prosa rica de John Updike parecer anêmica. É uma América muito diferente das versões melodramáticas de Hollywood, do que já chamei aqui de o eixo Nova York-Los Angeles, que nada tem a ver com a maioria do país (o que minha visita semana passada a Dallas confirmou mais uma vez). Não há o senso do trágico pessoal e subjetivo, que Bellow comunica na sua obra-prima, *Seize The Day*, o humor "que cria a si próprio", na frase de Eliot, de *Myra Breckinridge*, de Gore Vidal, ou o narcisismo altamente intrincado de Norman Mailer em *Armies of the Night* [...].

Capote foi duramente criticado tanto por colegas escritores quanto por jornalistas, que colocaram em dúvida a veracidade dos fatos, algo indispensável para uma obra de jornalismo literário. Um dos motivos para a crítica era o fato de Capote não gravar nem anotar absolutamente nada dos relatos que mantinha, confiando apenas em sua memória. O autor entendia que se fizesse gravações ou anotações, poderia intimidar seu entrevistado. Seus críticos também alegavam que o vínculo de proximidade criado entre Capote e os assassinos o teria feito romantizar a obra e inserir trechos ficcionais favoráveis aos criminosos. Polêmicas à parte, *A sangue frio* revela um extenso trabalho de campo feito pelo escritor e inaugura uma forma de contar histórias diversa daquela até então adotada nas redações dos jornais; a esse formato extremamente rico em detalhes Capote chamou de "romance de não-ficção". A seguir, reproduzimos um excerto dessa obra.

:: **Trecho de *A sangue frio*, de Truman Capote**

> Dick estava ao volante de um Chevrolet preto quatro portas 1949. Quando Perry entrou no carro, olhou para o banco de trás para conferir se o violão estava a salvo; na noite anterior, depois de tocar para um grupo de amigos de Dick, tinha esquecido o violão no carro. Era um velho violão Gibson, lixado e encerado, com um acabamento cor de mel. E havia outro instrumento ao lado dele – uma espingarda calibre 12 tipo pump-action, novinha, de cano azul, com uma cena esportiva de faisões em pleno vôo gravada na madeira do cabo. Uma lanterna, uma faca de pesca, um par de luvas de couro e um colete de caça totalmente abastecido com cartuchos eram os elementos que constituíam aquela curiosa natureza-morta.
>
> "Você vai usar isso?", perguntou Perry, indicando o colete.
>
> Dick bateu com os nós dos dedos no para-brisa, como se fosse uma porta. "Desculpe, amigo. Estávamos caçando e nos perdemos. Será que que podíamos usar o seu telefone...?"
>
> "Si, señor. Yo compreendo."

> "É moleza", disse Dick. "Eu garanto, meu querido, vamos espalhar cabelo pelas paredes, de cima em baixo."
> "De cima a baixo", corrigiu Perry.

Fonte: Capote, 2003, p. 45.

Consolidada nos livros-reportagens, a densidade e o detalhamento da narrativa literária não tardaria a retornar aos periódicos impressos, e isso ocorreu nos Estados Unidos, na década de 1960. O movimento chamado *new journalism* teve como um de seus precursores o escritor norte-americano Tom Wolfe (1930-2018). Em 1973, ele publicou, em parceria com E. W. Johnson (1939-2002), uma coletânea de textos jornalísticos literários de outros autores, a qual foi intitulada *The New Journalism*.

Está certo que Wolfe não criou um novo jornalismo; e isso o próprio escritor deixou claro ao afirmar que escritores de romances do século XIX publicados nos folhetins já realizavam esse trabalho de pesquisa de campo e de detalhamento da realidade. Não obstante, é inegável que Wolfe contribuiu para que o *new journalism* alcançasse as redações de jornais e revistas dos Estados Unidos e, posteriormente, do resto do mundo, conquistando leitores ávidos por esse tipo de narrativa jornalística.

Gay Talese afirma que, ao contrário do que ocorria nos anos em que ainda era um jovem repórter, o jornalismo atual está condicionado à checagem *on-line*, distanciando-se dos fatos das ruas. Essa abordagem mais distante impede que uma narrativa seja construída também com base na experiência do repórter. Sobre o uso indiscriminado da tecnologia, o autor assim se manifestou:

É muito limitante, muito restritivo. Em primeiro lugar, o problema é que os jornalistas de hoje ficam dentro de um lugar fechado, dentro de uma redação. E, quando saem para fora, quando caminham pelas ruas, eles estão sempre olhando para a tela de um telefone celular, ou para algum outro objeto. Eles não conseguem ver o que acontece ao redor e enxergam a vida a partir de uma tela pequena. Tudo é muito rápido e fácil, e um bom trabalho não é rápido nem fácil. Ele demora um longo tempo, mas também dura um longo tempo. Muito do jornalismo de hoje é feito a partir de um laptop, e é feito de jornalistas falando de outros jornalistas. Eles procuram informações a partir da internet. Eles não falam com muitas pessoas. Isso é muito restritivo.

Os jornalistas, hoje, não estão descobrindo nada por tentativa, ou por acidente. O que estão fazendo é muito imediatista. O jornalismo tem se tornado muito previsível. Nada é profundo, pensado ou divagado. Então o jornalismo está se tornando preguiçoso, porque os jornalistas não querem se mexer. A primeira coisa que fazem quando acordam é abrir um pequeno laptop e começar a apertar botões. Então eles leem jornais, olham fotografias, jogam games ou qualquer outra coisa e, talvez, até façam entrevistas com outras pessoas, mas são pessoas que são educadas, que sabem como usar um laptop, um smartphone ou o que quer que estejam usando. E estão perdendo todo o contexto da vida. É tudo

> baseado em cumprir o objetivo. Eles querem ir do ponto **a** para o ponto **b**, e querem fazer isso rápido, de maneira eficiente sem perder nenhum tempo. Bom, perder tempo é muito bom. O tempo é maravilhoso quando você o perde. Quando você perde tempo você pode pensar que é um desperdício, mas não é. Às vezes você aprende com o silêncio, ou com os momentos de indecisão. Você aprende coisas que você jamais pensou que saberia, e aprende coisas sobre as quais você nunca pensou, e que nunca iria perguntar sobre. São coisas muito valiosas para a mente intelectual, e para a curiosidade intelectual que algumas pessoas têm. A internet joga contra esta curiosidade. Ela proporciona todas as respostas de maneira fácil. Você coloca o nome de alguém no google e descobre muito sobre ela. Se é verdade ou não, você não vai saber a diferença.

Fonte: Talese, 2011, grifo do original.

A vivência de campo do repórter do jornalismo literário está na gênese desse gênero; nesse sentido, a narrativa intrincada e de imersão – cujos detalhes beiravam à descrição literária – era fundamental para que o novo jornalismo ganhasse relevância. E como o movimento do *new journalism* levou as reportagens que unem jornalismo e literatura a conquistarem o interesse de leitores de jornais e revistas, faz-se necessário explanar quais são as características desse tipo de narrativa.

3.2
Características do jornalismo literário

Conforme aludimos, como consequência da fórmula da objetividade adotada pela imprensa mundial, impulsionada pela transformação do jornalismo em empresa capitalista que buscava crescentemente o lucro, as reportagens tornaram-se cada vez mais superficiais, havendo pouco ou nenhum embasamento, não satisfazendo mais os leitores. Foi justamente essa frustração dos leitores e de alguns jornalistas que criou condições para o surgimento do jornalismo literário. Aos poucos, o gênero ganhou espaço dentro de jornais e revistas impressos, notadamente por ir na contramão do que até então era produzido, especialmente nas reportagens. E o que, exatamente, difere o jornalismo literário do chamado jornalismo factual?

Vários pesquisadores já se debruçaram sobre esse questionamento, entre eles Felipe Pena. Para caracterizar o jornalismo literário. Pena elaborou a teoria que chamou de "estrela de sete pontas", sendo que cada uma das pontas consiste em uma das características que, para o autor, definem o jornalismo literário.

> Significa potencializar os recursos do Jornalismo, ultrapassar os limites dos acontecimentos cotidianos, proporcionar visões amplas da realidade, exercer plenamente a cidadania, romper as correntes burocráticas do *lead*, evitar os definidores primários e, principalmente garantir perenidade e profundidade aos relatos. (Pena, 2006, p. 13)

Considerando a definição de Pena e o entendimento de outros autores, como Edvaldo Pereira Lima, Tom Wolfe e Gay Talese sobre o tema, podemos dizer que a primeira grande característica do jornalismo literário é produzir reportagens mais completas, com um grau de informação muito maior do que o apresentado nas reportagens factuais.

O jornalismo factual prioriza, entre outros aspectos, a objetividade; e essa característica praticamente elimina a possibilidade de se dedicar ao detalhamento das informações, pois não pressupõe uma observação minuciosa do repórter. Portanto, não convém que o repórter revele sua subjetividade no texto. Há muitos debates e questionamentos sobre essa noção de objetividade porque se reconhece atualmente que quem escreve o texto invariavelmente insere seu olhar e suas impressões sobre a história que relata.

A busca incessante pelo lucro no processo de profissionalização do jornalismo como empresa desvelou a necessidade de uma mudança na forma como as reportagens eram construídas. Se anteriormente lançava-se mão da técnica do **nariz de cera** – um ou dois parágrafos introdutórios que serviam para contextualizar a notícia –, posteriormente o **lide**[1] foi adotado como técnica para atrair o leitor, no que se chama de *pirâmide invertida*, na qual as informações mais importantes são reveladas no início do texto, deixando para o final o que é menos relevante.

---

1 Lide é a forma aportuguesada da palavra inglesa *lead*, que, entre outros significados, refere-se a algo ou alguém que vem antes dos demais, que lidera. No caso da notícia, o lide (*lead*) diz respeito às informações que antecedem aquelas que seriam secundárias ou complementares.

A técnica do lide consiste em apresentar no primeiro e, no máximo, segundo parágrafos da notícia jornalística as respostas para os seis questionamentos supostamente básicos de uma reportagem: O quê?; Quem?; Quando?; Onde?; Como?; Por quê? Essa fórmula foi criada sob a alegação de que as pessoas tinham cada vez menos tempo para ler as reportagens; então, a adoção do lide garantiria que esses leitores, apenas lendo os parágrafos iniciais, pudessem se informar do que ocorreu de mais importante no fato.

Todavia, ao se adotar essa fórmula padronizada de construção de texto jornalístico, as reportagens passaram a ser produzidas quase de forma mecânica, como em uma linha de montagem. Esse método podava a criatividade do jornalista e nivelava os textos, sempre muito similares. Contudo, depois de certo tempo, muitos leitores e jornalistas já não se satisfaziam com esse tipo de construção textual de reportagem. Assim, pela cobrança de uma parcela dos leitores, o jornalismo literário rompeu com essa construção, retomando uma tradição que estava se perdendo nas redações: contextualizar a história, e não pasteurizá-la.

Outra característica importante do jornalismo literário é o rompimento com o *deadline*. Mais uma vez a lógica capitalista está atrelada à formatação do jornalismo como empresa. Em resumo, o *deadline* é o prazo final e máximo que o jornalista tem para entregar uma reportagem. No jornalismo factual, esse prazo foi sendo reduzido continuamente. Não é incomum, por exemplo, que um repórter seja pautado para produzir duas reportagens no mesmo dia e tenha que entregá-las em cinco ou seis horas.

Não precisamos empreender uma análise crítica hercúlea para concluir que é muito difícil produzir, corriqueiramente, todos os dias, boas reportagens em tão pouco tempo. A consequência disso é a falta de apuração, aprofundamento e cuidado com o produto final, que muitas vezes fica incompleto do ponto de vista de informação.

O jornalismo literário rompe com os grilhões dessa imposição de empacotamento das reportagens, buscando as correlações, as conexões e as diferentes versões dos fatos, que permitem uma visão ampliada dos acontecimentos. Nesse ponto, vale salientar que, embora não exista a pressão dos prazos diminutos, não há a pretensão de se chegar a uma versão inquestionável sobre o acontecimento, pois mesmo sendo possível se dedicar por mais tempo à apuração, a notícia sempre é um recorte da realidade, um relato parcial, atravessado pela subjetividade do repórter.

A escolha dos entrevistados é outro aspecto que coloca em campos opostos o jornalismo factual e o literário. A imposição do *deadline* força o profissional a ganhar tempo em suas entrevistas. O resultado disso é a busca pelos mesmos personagens de sempre – as chamadas *fontes oficiais*.

Por óbvio, ouvir o que tem a dizer um policial, um político, um advogado ou um médico é relevante. Contudo, ao se limitar a ouvir sempre e somente aqueles que estão investidos nos mesmos cargos, o repórter ignora o que têm a dizer os anônimos, os cidadãos, que são testemunhas oculares ou que podem apresentar visões e ponderações que as fontes oficiais, por impedimento legal ou profissional ou por uma falsa ética, não falariam. Dar voz aos invisíveis é algo amplamente explorado pelo jornalismo literário.

O fato de dar voz ao cidadão comum e ouvir as histórias dos invisíveis, quando representado em histórias bem-contadas, toca a alma e o coração do leitor, ouvinte ou espectador e fica em sua memória para sempre. Assim como não nos esquecemos dos enredos e das tramas dos livros, das peças de teatro ou dos filmes que nos fizeram refletir e que de alguma forma mobilizaram nossas emoções, as reportagens literárias conseguem se perpetuar em nossas mentes, quando bem escritas. Como assinala Talese (2000), não se trata de um amontoado de informações que amanhã ou depois será esquecido, como ocorre no jornalismo factual, que precisa avidamente de novas histórias, sensacionalizadas em maior ou menor monta, prioritariamente para manter seus índices de audiência.

A escolha do assunto a ser abordado é outro traço importante do jornalismo literário. Um dos preceitos do jornalismo é o interesse público, que não necessariamente coincide com os interesses *do* público.

Uma narrativa humanizada tem por marca considerar os fenômenos sociais, os condicionantes e as escolhas que a vida impõe aos indivíduos, a complexidade das relações humanas, o meio em que se vive. Quando não há ponderação a respeito de tais questões, o jornalismo se mostra incapaz de reconhecer o outro e, nesse caso, se presta apenas a reproduzir preconceitos e estereótipos já tão enraizados em nossa sociedade.

Ao contrário, ao dar voz e vez ao outro, ao falar sobre "gente", humaniza-se a narrativa. A jornalista gaúcha Eliane Brum (2019), reconhecida pela sensibilidade e pela abordagem humanizada empregada em seus textos, já afirmou que escreve "sobre gente", ao ser questionada se o que ela publica são matérias humanas, ao que rebateu perguntando se seria possível para algum jornalista escrever matérias inumanas. Contudo, ao fazermos uma análise das reportagens publicadas diariamente nos veículos de comunicação, podemos facilmente concluir que boa parte delas são frias, insossas, com uma necessidade imperativa e plastificada de imparcialidade e impessoalidade. Justamente o oposto é o que se observa nas reportagens literárias, que visam humanizar suas narrativas.

A seguir, fornecemos um exemplo de reportagem literária que prima por apresentar uma narrativa humanizada.

:: Trecho da reportagem "As infâncias perdidas e o desafio de combater a pedofilia", de Natalia Filippin e Thaise Borges

> "Eu não gosto de falar sobre isso..." O medo, a vergonha, o trauma. Tudo misturado em uma pessoa que não escolheu se sentir assim. Sandra tem 27 anos, é farmacêutica. Hoje ela é adulta e faz questão de olhar apenas para o futuro. Sua infância não foi fácil, e não só porque perdeu o pai cedo em um acidente de carro, mas porque ela foi durante quatro anos abusada pelo padrasto.
>
> Sandra tem os cabelos curtos, diz que não consegue mais deixá-los crescer. "Ele me chamava de Rapunzel. Para mim era só uma brincadeira, mas com o tempo eu vi que ele queria mais, muito mais do que uma criança poderia fazer". Era um olhar, um sorriso, um toque. Sandra conta que já não conseguia mais brincar e não dormia bem. O tempo em que estaria

livre para se divertir, permanecia na escola ou no trabalho da mãe. A sua própria casa, que deveria ser local de alegria, era apenas de escuridão.

    A pedofilia, segundo o dicionário Aurélio é: "que ou aquele que sente uma atração sexual patológica pelas crianças". A Organização Mundial da Saúde (OMS), através do Manual de Classificação Estatística Internacional de Doenças, Lesões e Causas de Morte, traz a pedofilia no capítulo de transtornos mentais, no que tange às Neuroses, Transtornos de Personalidade e outros Transtornos Mentais Psicóticos.

Fonte: Filippin; Borges, 2017.

3.3
Jornalismo literário no Brasil: um relato histórico

Como já referimos, o Brasil tem uma tradição na publicação de relatos literários jornalísticos desde o lançamento de *Os sertões*, de Euclides da Cunha, em 1902, reconhecidamente o primeiro livro-reportagem nacional e uma das maiores obras da língua portuguesa em todos os tempos.

    Contudo, em boa parte do século XX, o país seguiu o modelo mundial ocidental de empresa jornalística capitalista, priorizando a objetividade, o lide e a pirâmide invertida. A exemplo do que aconteceu nos Estados Unidos e na Europa, somente a partir da década de 1960 é que os veículos impressos nacionais passaram a publicar narrativas que priorizavam histórias humanizadas, com uma visão mais cuidadosa do repórter a respeito dos fatos relatados. Nessa esteira, nenhuma outra publicação obteve mais sucesso do que a revista *Realidade*, e nenhum outro jornalista brasileiro se destacou mais na arte de contar histórias literárias do que José Hamilton Ribeiro; a união desses dois ícones resultou na publicação de verdadeiras obras-primas do jornalismo literário nacional.

Publicada mensalmente entre 1966 e 1976, a revista *Realidade* se destacou por adotar um estilo jornalístico único, primordialmente literário. Suas reportagens longas valorizavam os dados estatísticos, de cunho social, e discutiam temas extremamente relevantes para a sociedade, além daqueles tratados como tabus; a revista abordava, portanto, assuntos sobre os quais o restante da imprensa nacional pouco ou nada discutia.

Durante toda a existência da revista, o Brasil esteve sob regime militar, com forte controle da censura sobre a imprensa; porém, nem isso impediu que *Realidade* fizesse um jornalismo extremamente inovador. Era notável o cuidado com a apuração das informações, com entrevistas feitas em profundidade, valorizando a diversidade das fontes, o cuidado com a edição, sempre com o suporte de uma equipe de jornalistas de primeira grandeza, entre eles José Hamilton Ribeiro, Paulo Henrique Amorim e José Carlos Marão. Todo esse conjunto de fatores garantiu prestígio e inúmeras premiações.

Mencionamos o jornalismo de primeira grandeza, e não é possível falar a respeito dessa temática no Brasil sem citar José Hamilton Ribeiro. Ganhador de sete prêmios Esso de jornalismo, Ribeiro trabalhou em alguns dos maiores veículos de comunicação do país, sendo correspondente da revista *Realidade* na Guerra do Vietnã, em 1968, quando perdeu uma perna e quase morreu, ao pisar em uma mina terrestre que explodiu. Atualmente, ele trabalha no programa Globo Rural, da Rede Globo.

As reportagens a respeito da Guerra do Vietnã deram origem a seu primeiro livro-reportagem, intitulado *O gosto da guerra*, publicado em 1969. Já as reportagens vencedoras do prêmio Esso de jornalismo foram compiladas no livro *O repórter do século: as 7 reportagens que ganharam os 7 prêmios Esso*.

O que tornou Ribeiro o repórter literário mais premiado da história do Brasil foi a construção de suas narrativas, que ia na contramão do jornalismo factual. Ele reatava a realidade dos fatos, humanizando os personagens, descrevendo e contextualizando o local de fala, mediante a utilização de diálogos, e investindo profundamente no detalhamento.

A escrita inovadora de Ribeiro serviu de exemplo e inspiração para seus colegas na época e para uma legião de jornalistas que iniciaram suas atividades nas décadas seguintes.

A seguir, reproduzimos um trecho de uma reportagem do maior expoente do jornalismo literário nacional.

:: Trecho da reportagem "O assassinato da Terra", de José Hamilton Ribeiro

> Bragança fica a 210 quilômetros de Belém, no ponto final da antiga Estrada de Ferro Belém-Bragança. Capital da Zona Bragantina, essa região (1% da área do Pará) é talvez a única experiência efetiva de colonização já realizada na Amazônia.

> Concentram-se nessa região mais de 90% das estradas asfaltadas da Amazônia, e quase todas as suas cidades dispõem de luz elétrica nas 24 horas por dia (coisa bastante rara na Amazônia).
>
> Ao ser escolhida como núcleo de colonização, a Zona Bragantina deveria se transformar no "celeiro do mundo", segundo as previsões mais otimistas. Hoje restam as estradas e a luz elétrica, mas a colonização – baseada na agricultura – falhou. E a região mal produz os alimentos que consome. Está ali um dos raros focos de esquistossomose do Pará. E a maior parte das culturas, perdidas no meio de capoeirões imensos, apresentam aspecto decadente.

Fonte: Ribeiro, 2006, p. 169.

3.4
Gonzo: a vertente rebelde do *new journalism*

A década de 1960 foi um período de grande efervescência cultural e de contestação aos valores éticos, sociais e familiares nos Estados Unidos. O movimento *hippie*[2] encabeçou essa reação aos valores tradicionais da sociedade norte-americana defendendo, por exemplo,

---

2   O movimento *hippie* fez parte do cenário de contracultura que surgiu nos Estados Unidos como reação ao belicismo que o país exergia por meio da Guerra do Vietnã (1955-1975), conflito amplamente criticado pelos integrantes desse grupo. O ápice da cultura *hippie* aconteceu em 1967, durante o chamado Verão do Amor, quando diversas passeatas e outras mobilizações tomaram as ruas das cidades norte-americanas.

o amor livre, a liberdade irrestrita sem regras ou ordenamento jurídico, o livre-arbítrio, o autoconhecimento, a crítica ao consumismo, a aversão à necessidade impositiva de se adquirir bens e o retorno ao primitivismo.

Tais aspectos culturais, sociais e familiares, opostos ao que até então era defendido pela sociedade norte-americana, faziam parte de um movimento que se tornou conhecido como *contracultura* e que também atingiu a literatura e o jornalismo. Se o *new journalism* foi uma reação ao que era produzido dentro das redações, uma resposta à produção jornalística capitalista que dominava os veículos de comunicação na época, visando humanizar as histórias, o jornalismo gonzo foi além.

Hunter Stockton Thompson (1937-2005), jornalista e escritor, que atuou em vários veículos de comunicação renomados nos Estados Unidos, entre eles a revista *Rolling Stone*, foi o criador do jornalismo gonzo, considerado uma vertente rebelde do *new journalism*. Com estreito envolvimento com os *hippies*, tendo inclusive escrito artigos a respeito do modo de vida deles, e defensor da contracultura, Thompson argumentava que era necessário ao jornalismo imergir de uma forma que ainda não havia sido feita para se contar uma história em todos os seus detalhes.

Sua primeira grande obra de jornalismo literário gonzo foi o livro *Hell's Angels: medo e delírio sobre duas rodas*. Publicada em 1966, a obra conta a experiência de Thompson com a famosa gangue de motoqueiros Hell's Angels. A pedido do editor da revista *The Nation*, veículo no qual ele trabalhava, e que desejava contar o estilo de vida dos membros das gangues de motoqueiros, Thompson conviveu por um ano e meio com eles, registrando tudo o que faziam e participando de muitas ações do grupo, inclusive as criminosas.

Se no princípio da experiência a ideia do jornalista era desmistificar a imagem negativa da gangue, ao final passou a tecer fortes críticas a respeito do comportamento do grupo, entendendo que estavam embriagados pela própria fama. A gangue reagiu surrando-o e, logicamente, expulsando-o do bando. De qualquer forma, o convívio de 18 meses com os motoqueiros lhe rendeu fama e mostrou uma nova possibilidade de contar uma história, não apenas observando, mas também participando do enredo.

Ocorre que Thompson almejava uma imersão ainda mais profunda, e ela foi alcançada em *Medo e delírio em Las Vegas: uma jornada selvagem ao coração do sonho americano*, publicado inicialmente em forma de artigo na revista *Rolling Stone* e, posteriormente, lançado em livro. Nessa obra, Thompson lança mão de um pseudônimo, Raoul Duke, e convida um advogado, chamado por ele de Dr. Gonzo, para ir a Las Vegas para reportarem uma corrida de *motocross*.

A adoção dos pseudônimos foi proposital, pois ambos cometeram diversas contravenções, entre elas o consumo de diversas drogas ilícitas, objetivando mostrar o decantado sonho americano de liberdade. A obra é inteiramente escrita em primeira pessoa, e o autor é o personagem principal; agora, ele não se contentava em relatar os fatos ou participar parcialmente deles, ele desejava ser o centro da história. O livro marcou o surgimento do jornalismo gonzo, que desde então ganhou relevância e se disseminou por outras publicações graças a jornalistas que desejavam contar histórias sob as suas perspectivas, de forma imersiva.

Caracterizado por uma narrativa em primeira pessoa, na qual o personagem é o repórter escritor, o jornalismo gonzo não adota as técnicas tradicionais do jornalismo. O texto é carregado de humor, ironia, sarcasmo, cinismo e exagero, além de abusar dos adjetivos e das opiniões, sempre norteado pela experiência vivida pelo repórter. Logo, dispensa outras fontes, ainda que não seja condizente com a realidade, pois não existe a menor intenção do compromisso com a verdade, muito menos com a isenção jornalística.

3.5
Jornalismo literário na atualidade

O desenvolvimento da internet provocou uma grande transformação no jornalismo. Já a partir da segunda metade da última década do século XX, os jornais impressos começaram a inserir seus conteúdos na internet, em suas versões *on-line*. Em pouco mais de duas décadas, a forma de se fazer jornalismo se alterou consideravelmente, e o jornalismo literário também passou por mudanças.

Por conta da disseminação dos *sites*, aliada ao avanço tecnológico, as pessoas passaram a consumir conteúdos informativos oriundos de outras fontes que não mais apenas os veículos de comunicação tradicionais. Além disso, os receptores não são mais passivos; também produzem e distribuem conteúdos informacionais.

No século XXI, a sociedade é continuamente bombardeada por informações, e a necessidade premente de notícias, ainda que superficiais e muitas vezes incorretas, em razão da falta de tempo para a apuração e outros fatores, atingiu de forma drástica as redações.

Capaz de fornecer uma quantidade de informações incomensurável, a internet passou a ser a fonte primeira de leitura das pessoas, e não mais os jornais impressos e as revistas. Com a queda substancial nas vendas, centenas de jornais e revistas viram-se forçados a encerrar suas atividades ou a migrar para a plataforma digital. Sob essa ótica, é interessante comparar os hábitos de leitura. Enquanto a média nacional de livros lidos pelos brasileiros é de 4,96 obras por ano (Faílla, 2016), o consumo da internet no Brasil é de 9 horas e 29 minutos por dia (Silva, 2019), ou seja, de 365 dias, 145 são gastos na rede mundial de computadores[3]. Essa diferença entre o consumo das mídias física e digital se reflete também na forçosa transposição dos jornais para os ambientes virtuais. As gerações mais jovens têm pouco apreço pelo texto no papel, preferindo a usabilidade de *smartphones*, computadores e *tablets*.

Entretanto, mesmo as empresas jornalísticas que migraram do impresso para o *on-line* ou as que estão nas duas mídias, com raríssimas exceções, enfrentam os dilemas da dificuldade de monetizar o conteúdo e tornar o negócio financeiramente viável. A consequência disso foi a redução no número de jornalistas nas redações, os quais, sobrecarregados, dedicam-se praticamente ao factual, em detrimento das reportagens mais aprofundadas, de cunho literário.

A redução no tamanho das redações, impressas e *on-line*, impactou negativamente nos cadernos literários, que em muitos casos simplesmente desapareceram, bem como nas reportagens literárias, cada vez mais escassas nos portais de notícias. Ainda

---

3   De acordo com a pesquisa, o Brasil é o segundo país em consumo diário de internet, ficando atrás somente das Filipinas, cujo consumo ultrapassa 10 horas (Silva, 2019).

assim, quem tem talento se estabelece; é verdade que no jornalismo factual da pós-modernidade o jornalismo literário tem menos espaço, mas isso não significa que esse tipo de narrativa esteja vivendo seu epílogo.

Primeiramente, precisamos enfatizar que ainda sobrevivem muitas publicações impressas em todo o mundo, incluindo revistas e jornais, as quais se destacam por produzir narrativas literárias. E o segredo para isso está na segmentação. Nesse caso, a proposta é oferecer um conteúdo literário para um público ávido por reportagens mais densas, que são cada vez mais raras nos jornais diários, muito mais dedicados aos conteúdos factuais. O francês *Le Monde* e o espanhol *El País* são exemplos de jornais que investem em reportagem literárias, tanto em suas versões impressas quanto nas digitais; esse também é o caso da revista argentina *Ñ*.

No Brasil, mesmo com todas as dificuldades que enfrenta quem se propõe a produzir reportagens literárias – como o custo operacional de uma publicação, a luta por patrocínio, o investimento em jornalistas qualificados capazes de produzir boas narrativas literárias –, algumas publicações se destacam como representantes ilustres dessa vertente do jornalismo.

Um desses casos de sucesso é a revista *Piauí*. Lançada em 2006 e publicada mensalmente, o periódico não tem uma linha editorial definida. Destaca-se por apresentar reportagens extensas, com aprofundamento, criticidade e pesquisa, além do caráter científico.

O tamanho da equipe é reduzido – formada por 30 profissionais – considerando-se o porte da revista, mas ela conta com centenas de colaboradores entre jornalistas, escritores, artistas gráficos e humoristas, que escrevem e expressam suas opiniões sobre os mais diversos assuntos, sempre frequentes o bom humor e a ironia.

Ao preterir as reportagens factuais, caracterizadas pela superficialidade, a *Piauí* mostra que é possível investir na sofisticação das narrativas. O fato de ter se consolidado entre os principais periódicos jornalísticos literários do país – o que se comprova pelos diversos prêmios que recebeu desde o seu lançamento – revela a existência de um público leitor qualificado e que procura mais do que o jornalismo dependente da objetividade tem oferecido.

Ainda sobre exemplos exitosos do jornalismo literário nacional, citamos a reportagem "Fofão da Augusta? Quem me chama assim não me conhece", do jornalista Chico Felitti (2017), publicada pela BuzzFeed Brasil. O personagem principal é o artista de rua e ex-cabeleireiro Ricardo Correa da Silva, que, em decorrência de inúmeras intervenções com silicone em seu próprio rosto, adquiriu uma aparência análoga à do personagem infantil. A repercussão da matéria foi tamanha – com milhares de compartilhamentos nas redes sociais – que a narrativa foi transformada em livro pela Editora Todavia. *Ricardo e Vânia*, que, além de abordar a vida do artista, explorou a conturbada relação com Vânia, mulher *trans* que deixou o país para viver em Paris, tornou-se um dos livros mais aguardados e teve seus direitos vendidos para adaptação em filme ou série.

Seguindo com os exemplos, lembramos o trabalho da Biblioteca Pública do Paraná, em Curitiba. A instituição mantém dois veículos de comunicação que exploram as ténicas do jornalismo literário para narrar a vida e a obra de personagens fundamentais para a cultura brasileira. Cada número do jornal *Cândido*, editado mensalmente, é dedicado a um personagem importante do mundo das letras e da literatura. Mesmo não sendo o foco principal da publicação, o novo jornalismo tem se mantido presente nela. A revista *Helena*, cuja publicação é esporádica, guarda ainda mais espaço para narrativas de fôlego, recebendo a cada número uma sessão específica para perfis – que contou com textos de jornalistas como Mariana Sanchez, Schneider Carpeggiani, Pedro Só e José Carlos Fernandes.

O jornalista paranaense José Carlos Fernandes, por sinal, é um dos principais nomes do gênero no sul do país. Em sua coluna diária no jornal *Gazeta do Povo*, retrata a vida de pessoas desconhecidas e ilustres. Longe de ser um veículo que se dedique à narrativa do *new journalism*, o jornal cede espaço ao jornalismo literário.

Em textos mais breves, escritos inicialmente para o jornal impresso, José Carlos Fernandes estabeleceu uma linguagem cuja essência é o poder de condensar vidas inteiras em pequenos espaços. Para dar cabo da tarefa, que se apropriava também da estética da crônica, o jornalista lançava mão de uma pesquisa prévia e uma "investigação" para entender e conhecer seus personagens. Com essa estratégia, ele demonstrava a habilidade de criar um roteiro de perguntas com os temas mais importantes e interessantes a respeito dos entrevistados.

Outro exemplo, também na capital paranaense, é o portal independente Plural, que – embora seja muito mais amplo que o tema discutido neste capítulo – oferece espaço para que personalidades curitibanas tenham suas vidas – ou recortes delas – contadas pelo estilo que consagrou Gay Talese.

No cenário nacional, as revistas *Brasileiros* e *Caros amigos* também reservam espaços para a publicação de reportagens e perfis de maior fôlego. A primeira tem um viés mais cultural, explorando personagens que fazem parte da cena artística brasileira; já a segunda tem como personagens de seus textos pessoas importantes do universo político, histórico, social e antropológico. Como o jornalismo literário não é a fonte primeira para a construção das matérias de ambas as publicações, sua incidência é menor e mais concentrada em edições especiais ou cuja temática seja cara à revista.

No Rio Grande Sul, o *Zero Hora* e a *Gazeta do Sul* destacam-se pelo material produzido a partir de construções narrativas fortemente alicerçadas no jornalismo literário. Jornalistas como Rodrigo Lopes – autor do livro-reportagem *Guerras e tormentas* –, Nilson Mariano, Fernanda Zaffari e Nero Setúbal apresentam larga produção dentro do *new journalism*. Esses profissionais abordam, principalmente, questões do cotidiano e oferecem um tratamento estético e jornalístico mais aprofundado e humanístico.

Para os pesquisadores Soster e Piccinin (2014), os jornalistas gaúchos se valem, além do intrincado diálogo com o narrar literário, do uso da coloquialidade e das idiossincrasias do modo de falar próprio do estado. São estratégias que geram, antes e acima de tudo, identificação e maior proximidade entre narrador e leitor.

> Seja por meio do uso de palavras pouco usuais, caso de topiaria (a arte de adornar jardins), seja pelas interjeições (Bah), seja, ainda, pelos diálogos e remissões, quem era fonte transforma-se, uma vez mais, em personagem, por meio das mãos

de um autor/narrador que, nesse caso, tudo observa e tudo sabe, mas não participa diretamente da cena descrita. (Soster; Piccinin, 2014, p. 138)

Luiz Nadal, jornalista e escritor, manteve o *site* Isto não é um cachimbo, em que se dedicava a perfilar nomes da literatura nacional contemporânea, como Ricardo Lísias, Carola Saavedra, Bernardo Carvalho, André Sant'Anna, Marcelino Freire e Lourenço Mutarelli. O projeto foi lançado em 2012 – mesmo ano em que a revista *Granta* elegeu os 20 melhores escritores brasileiros até aquele momento –, e encontra-se sem atualização.

Outro *site* que fez um importante trabalho – e também encontra-se sem atualização – é o Vidas Anônimas, criado e editado pelo quarteto de jornalistas Elayne Pontual, Glória Damasceno, Francisco Ribeiro e Ana Cecília da Silva. O *blog* se propunha a contar as vidas de pessoas comuns, invisíveis em meio à multidão ou, como as autoras chamam, *pessoas-estatísticas*, aquelas que fazem partes dos números gerais, porém jamais são aceitas para entrar para a história.

Por meio de narrativas de tamanho médio, o Vidas Anônimas explorava temas cotidianos, dificuldades corriqueiras de pessoas comuns, dramas de gente que acorda cedo para pegar o ônibus ou o metrô e deixa os filhos sozinhos em casa para ir trabalhar. Parte desse trabalho é inspirada em jornalistas que têm o mesmo faro para conteúdos interessantes nos locais mais insólitos: Eliane Brum, Caco Barcellos e Zuenir Ventura.

Eliane Brum, no final de 2019, publicou um de seus trabalhos mais ousados, no atinente à abordagem e à construção da narrativa: *Brasil, construtor de ruínas*. No livro, a jornalista – vencedora do Prêmio Jabuti com *A vida que ninguém vê* e do Prêmio Açoarianos com *A menina quebrada* – analisa os rumos tomados pelo Brasil e os motivos que levaram à ruptura no processo de aprimoração política, social e econômica do país. Uma parcela de seu *modus operandi* se alicerça na percepção das populações mais simples, acreditando que é ali – em meio ao povo – que estão as respostas para os novos moldes tecidos para o país.

Ainda que não sejam muitos os veículos que mantêm as reportagens literárias, o livro-reportagem é um subproduto que tem conquistado êxito. A jornalista mineira Daniela Arbex ganhou notoriedade ao publicar *O holocausto brasileiro*, em 2013, que conta a história do Hospital Colônia de Barbacena – instituição psiquiátrica que ficou conhecida por se transformar em uma espécie de campo de concentração. Os pacientes, em sua maioria, sem diagnóstico médico, eram ali internados por serem homossexuais, epiléticos, desafetos políticos, acóolatras e prostitutas. De acordo com Arbex, o hospital matinha um rigoroso sistema de maus-tratos, muitas vezes culminando com a morte de internos. Os corpos dos pacientes falecidos eram vendidos para universidades ou dissolvidos com ácido.

Dois anos mais tarde, Arbex voltou a tratar de um tema polêmico, desta vez no livro *Cova 321*, que revela o caso de tortura envolvendo as Forças Armadas Brasileiras e um militante político. A narrativa, que se passa durante a ditadura militar, é um relato assombroso de violência e expõe as cicatrizes causadas pelos anos de militarismo.

Em seu terceiro livro *Todo dia a mesma noite*, a jornalista reconstitui uma das mais recentes tragédias brasileiras: o incêndio na Boate Kiss, em Santa Maria, na noite de 27 de janeiro de 2013, e que resultou em mais de 240 mortes. Para reconstituir esse episódio, a jornalista conversou com familiares das vítimas, sobreviventes, além de consultar trechos dos processos envolvendo o incidente e que não tinham sido mencionados na imprensa.

Além de revistas, jornais e portais, nos últimos anos a academia tem sido uma importante aliada do jornalismo literário. Diversas faculdades e universidades de Comunicação Social, de norte a sul do país, têm se dedicado a publicar revistas, livros-reportagens, trabalhos de conclusão de curso, entre outras pesquisas, contendo narrativas literárias produzidas por professores e alunos.

Mesmo sendo um recorte parcial, visto que nossa intenção nesta obra não é fazer uma análise completa e sistematizada das instituições de ensino superior que realizam pesquisas e publicam narrativas jornalísticas literárias, podemos citar algumas delas: Universidade de São Paulo (USP); Universidade Federal Fluminense (UFF); Universidade Federal do Paraná (UFPR); Universidade Federal de Santa Catarina (UFSC); Universidade Federal de Minas Gerais (UFMG); Universidade Federal de Goiás (UFGO); Universidade Federal do Pará (UFPA); Universidade Estadual de Campinas (Unicamp); Universidade de Brasília (UnB); Pontifícia Universidade Católica do Paraná (PUCPR); Pontifícia Universidade Católica do Rio Grande do Sul (PUCRS); e Faculdade Casper Líbero, de São Paulo

Outra frente relevante de divulgação e disseminação da pesquisa em jornalismo literário são os congressos, as conferências e as premiações que reúnem professores, pesquisadores e estudantes. A Sociedade Brasileira de Estudos Interdisciplinares da Comunicação (Intercom) é uma das instituições que investe nessa área.

Essa sociedade promove anualmente um congresso em cada uma das cinco regiões do país. Esses eventos fomentam o debate e o intercâmbio entre pesquisadores e profissionais que atuam no mercado. Além disso, visando incentivar a produção acadêmica de ensino superior, são oferecidos prêmios como forma de reconhecer os estudantes que apresentam os trabalhos mais relevantes, que posteriormente participam do congresso nacional do Intercom, realizado uma vez por ano.

O Sindicato dos Jornalistas Profissionais do Paraná (SindijorPR) é outra entidade que realiza um ótimo trabalho de incentivo ao desenvolvimento da pesquisa acadêmica, por meio do Prêmio Sangue Novo Paranaense, que premia anualmente os melhores trabalhos de jornalismo do estado.

Síntese

A mítica de que jornalismo e literatura são duas vertentes incompatíveis caiu por terra diante do jornalismo literário ou, como muitos ainda o chamam, *new journalism*. Em busca de uma narrativa mais ampla, que contemplasse aspectos psicológicos e mais detalhistas da pauta – as quais, não raras vezes, não teriam espaço no noticiário factual –, um grupo de jornalistas, cuja relação com a produção literária era bastante intensa, conseguiu criar um material simbiótico. Nesse novo texto eram respeitadas as principais regras da produção jornalística, mas atendia-se, ao mesmo tempo, o apelo estético literário.

Essa experiência permitiu que temas complexos fossem tratados com profundidade e singularidade. Gay Talese desvendou a intimidade de mafiosos em *Honra teu pai* e investigou a revolução sexual em *A mulher do próximo*, ao passo que Truman Capote fez de *A sangue frio* um marco do jornalismo ao mergulhar nos bastidores de um crime que chocou os Estados Unidos. Pouco antes, John Hersey viajava ao Japão para escrever sobre as consequências da bomba atômica, em *Hiroshima*. Na contramão desse jornalismo bem comportado, Hunter S. Thompson dava vida ao gonzo, uma vertente cuja imersão fazia parte da apuração e poderia ter consequências inimagináveis para o ofício do jornalista.

Questões para revisão

1. Por que a objetividade é um fator que dificulta a produção de reportagens literárias?
2. Por que o jornalismo gonzo não tem compromisso com a isenção jornalística?
3. Assinale a alternativa correta sobre a diferenciação entre jornalismo literário e factual:
    a) O jornalismo literário é pautado pela objetividade, e o factual se baseia na subjetividade.

b) As reportagens literárias costumam ser menores e menos detalhadas do que as reportagens factuais.

c) O jornalismo literário tem seu texto estruturado na técnica da pirâmide invertida, ao passo que o factual aplica o nariz de cera.

d) As narrativas literárias, via de regra, são mais humanizadas do que as narrativas factuais.

e) O jornalismo literário é mais sistematizado, lançando mão, por exemplo, do lide na construção do texto, o que não ocorre no jornalismo factual.

4. Analise as proposições a seguir a respeito do jornalismo literário na atualidade e qualifique-as como verdadeiras (V) ou falsas (F):

( ) Algumas empresas jornalísticas investem na segmentação, oferecendo um conteúdo literário para um público que busca reportagens mais densas.

( ) A disseminação da internet barateou os custos de produção, o que permitiu que os portais de notíciais investissem em equipes especializadas na produção de reportagens literárias.

( ) Inúmeras reportagens literárias produzidas por jornalistas independentes ou por equipes jornalísticas têm se transformado em livros-reportagens, um subproduto do gênero jornalismo literário.

( ) Por causa dos custos de produção, o jornalismo literário sobrevive apenas no meio audiovisual.

( ) O jornalismo literário tem encontrado nas instituições de ensino superior fortes aliadas na produção e publicação de reportagens do gênero.

Agora, assinale a alternativa que apresenta a sequência correta de preenchimento dos parênteses, de cima para baixo:

a) V, V, V, F, V.
b) V, V, V, V, V.
c) V, F, V, F, V.
d) F, F, V, F, V.
e) V, F, V, F, F.

5. Como o jornalismo gonzo pode ser definido?
   a) Um estilo jornalístico que apresenta um texto menos sistematizado, ainda que com algumas características do jornalismo factual, tal como o lide.
   b) Uma técnica de escrita que prioriza textos mais críticos, com forte cunho político, resgatando o chamado *primeiro jornalismo*.
   c) Um segmento do jornalismo literário que investe no romance de ficção e que refuta as técnicas do jornalismo factual.
   d) Uma produção textual que lança mão da técnica audiovisual para enriquecer as narrativas, por meio de um enredo imparcial.
   e) Uma narrativa em primeira pessoa, na qual o personagem é o repórter escritor e que não tem preocupação com as técnicas tradicionais do jornalismo.

Questões para reflexão

1. Por que o fator tempo é importante para a elaboração de uma reportagem literária de qualidade?

2. Por que a humanização dos personagens é fundamental para o jornalismo literário?

Capítulo

04

Narrativa e imagem

Conteúdos do capítulo

- Estilo de narrativas.
- Narrativas em convergência.
- Comunicação em ambiente de mobilidade.
- HTML5.
- Internet das coisas.
- Pós-verdade e *fake news*.

Após o estudo deste capítulo, você será capaz de:

1. descrever as convergências entre as diferentes linguagens de narrativas;
2. relacionar a internet – seu uso e acesso – com a desigualdade social;
3. identificar o uso e as intenções das notícias falsas.

4.1
Estilos de narrativas

Já comentamos nos capítulos anteriores que a humanidade sempre se serviu das narrativas, fossem elas ficcionais, reais, místicas, infantis, trágicas ou cômicas, para estruturar seus pensamentos. Igualmente, as imagens estão intimamente relacionadas à história da humanidade, em alguns momentos servindo de apoio e, em outros, como protagonistas das narrativas, fazendo valer o antigo ditado de que "uma imagem vale mais do que mil palavras".

Ao tratar da relação entre narrativa e imagem, devemos considerar a importância da simbologia da imagem na construção da narrativa, a qual revela valores e visões subjetivas, tanto do emissor da mensagem quanto de seu receptor. Isso é permeado pela visão e compreensão de mundo, pela cultura e pelo contexto dos interlocutores.

Os **livros de imagens**, também chamados de *livros sem palavras*, são exemplos extremamente ricos para a construção de narrativas.

Eles constituem um instrumento de grande valia para crianças ainda não alfabetizadas, pois permitem que esses pequenos sujeitos construam suas próprias narrativas orais. Isso acontece porque, ao atentar para as imagens, as crianças podem criar outras histórias, enfatizando personagens específicos que muitas vezes não são os protagonistas do livro. Além disso, há o aspecto visual, pois livros com elementos imagéticos interessantes encantam as crianças.

No entanto, a experiência de leitura de uma narrativa sem texto, apenas por meio das imagens, não é um aprendizado enriquecedor somente para crianças pré-alfabetizadas. Qualquer pessoa, independentemente da idade, pode construir narrativas por meio de imagens.

A utilização desses recursos visuais para o desenvolvimento de narrativas é um campo bastante fértil, sendo observada também nos **livros ilustrados**. Nesse caso, o sucesso da narrativa está no equilíbrio e na harmonia entre texto e imagens. Não se trata, portanto, de inserir imagens ou ilustrações na narrativa simplesmente como suporte do texto; pelo contrário, as imagens e os textos se complementam.

Contudo, para que a leitura da narrativa que lança mão de texto e ilustrações alcance os sentidos mais apurados, além da compreensão das palavras, é imprescindível a **alfabetização imagética**. Dessa forma, não importa a idade do leitor, pois a dificuldade em ler as imagens pode ocorrer com qualquer pessoa; e, sem a leitura correta desses objetos visuais, ainda que o texto esteja bem-escrito, a narrativa pode não ser compreendida de forma adequada.

Nessa articulação entre imagem e palavra enquadram-se, ainda, as charges, gênero textual bastante utilizado pelo jornalismo, impresso e *on-line*, e também pelo campo educacional. Caracteristicamente ácidas e críticas, as charges constituem-se em ricas possibilidades para a construção de narrativas.

As charges surgiram na Europa no contexto social, histórico e cultural do início do século XIX, como forma de criticar os desmandos e abusos dos governos, bem como para retratar acontecimentos do cotidiano das sociedades. O fato de estarem ligadas a uma temporalidade é o que as diferencia dos cartuns, visto que estes são utilizados para criticar situações atemporais.

Na educação, as charges contribuem para o desenvolvimento do pensamento crítico de crianças e adolescentes, servindo de suporte e embasamento para a formulação de narrativas livres por parte dos estudantes. Isso favorece os múltiplos olhares e a troca de experiências, além de incentivar o pensamento coletivo e a interação.

Utilizados sempre com o objetivo de provocar a reflexão e o debate, a ironia e o humor são características bastante destacadas nas charges e, propositalmente, autoridades e pessoas públicas são os indivíduos mais satirizados pelos chargistas. No jornalismo, elas costumam se alinhar com a ideologia do veículo em que são publicadas, ainda que sofram menos interferência por parte da linha editorial.

A propósito, as charges – e, por consequência, os chargistas – sempre sofreram com a mão pesada da censura e da intolerância. Em ambas as situações, em muitos casos, o desfecho desses ataques à liberdade de expressão foi trágico. No Brasil, durante a ditadura militar, vários chargistas foram perseguidos e presos pelo regime justamente por publicarem charges que revelavam narrativas contrárias ao governo.

O exemplo mais emblemático de intolerância e violência contra um veículo de comunicação de caráter satírico, por conta das charges contidas em suas edições, ocorreu em 2015. No triste episódio, 12 pessoas morreram e outras 11 ficaram feridas durante um atentado terrorista à redação do jornal francês de publicação semanal, *Charlie Hebdo*. O motivo do ataque perpetrado por dois irmãos franceses de origem árabe, também mortos na ação, foi a publicação de charges que satirizavam a religião islâmica.

As **histórias em quadrinhos** (HQs) são outra forma de se utilizar de imagens para a construção de narrativas. Por muito tempo identificadas e relacionadas com o universo da literatura infanto-juvenil ou com o mundo *nerd*, já que muitas de suas histórias se transformaram em filmes de ficção científica ou de super-heróis, as histórias em quadrinhos sempre foram extremamente ricas na combinação entre narrativa e imagem, com ou sem textos.

As HQs notadamente apresentam grande riqueza visual. Independentemente do gênero da história a ser contada, a combinação de cores, traços, desenhos, sombras e degradês com o texto tende a envolver o leitor. E isso acontece tanto com as HQs estáticas, no papel, quanto com aquelas dinâmicas, que se valem de *GIFs* – imagens em movimento empregadas em quadrinhos *on-line*, as *webcomics*.

A potencialidade das HQs para desenvolver narrativas, aliada à evolução técnica das mídias digitais e impressas, estimulou sua incorporação ao jornalismo. O pioneiro do jornalismo em quadrinhos foi Joe Sacco, que, em 1994, publicou uma reportagem em quadrinhos intitulada "Palestina". Nesse trabalho, ele relatava em detalhes como era a vida em um campo de refugiados palestinos e o conflito armado contra a ocupação dos militares israelenses no local, na chamada Primeira Intifada.

No Brasil, nos últimos anos, o jornalismo em quadrinhos ganhou força, sobretudo nas áreas investigativa, cultural e de histórias de vida. Isso se deu muito sob a influência da academia, que passou a oferecer disciplinas que incentivaram e capacitaram estudantes a desenvolver esse tipo de narrativa; também por causa de iniciativas de alguns veículos de comunicação, que formaram equipes multidisciplinares capazes de produzir um material jornalístico de qualidade.

Entre os sucessos nacionais no jornalismo em quadrinhos, está *Notas de um tempo silenciado*, do quadrinista Robson Vilalba, que ganhou o Prêmio Vladimir Herzog de Jornalismo e Direitos Humanos, em 2014. Nesse trabalho, o autor aborda relatos do golpe de 1964 e da ditadura militar brasileira. A Agência Pública, agência de jornalismo investigativo, é outro veículo nacional que se destaca na produção de reportagens no jornalismo em quadrinhos.

Mais antiga do que as histórias em quadrinhos, a **fotografia** é um meio de comunicação visual extremamente popular e que encanta por sua capacidade de retratar momentos e contextos, além de possibilitar a construção de narrativas diversificadas e extremamente ricas.

A **intencionalidade** é um traço marcante da fotografia, pois ao registrar determinado fato, momento ou ação, o fotógrafo o faz buscando revelar seu ponto de vista, um ângulo específico do que está retratando. É a partir desse recorte que a narrativa é construída. Isso evidencia a possibilidade de se ter múltiplas narrativas a respeito de um mesmo fato, dependendo, entre outros fatores, da capacidade de observação, do momento, do ângulo e do posicionamento de quem está fazendo o registro.

Outra importante característica da fotografia é a perenidade, isto é, a capacidade de eternizar um momento. Nesse caso, ela serve como fonte de consulta para pesquisa e permite a construção de novas narrativas, a partir da história inicial, considerando a ação do tempo, o espaço e a contextualização.

Rica na perspectiva de criação ou apoio às narrativas, na primeira metade do século XX, a fotografia passou a ser largamente empregada pelos veículos de comunicação impressos, que perceberam a enorme diversidade de histórias que podiam ser contadas ao se unir textos com fotos. Nesse contexto, surgiu o termo *fotojornalismo*. Fotorreportagens culturais, documentais, esportivas e policiais são algumas das modalidades nas quais o fotojornalismo se aplica como narrativa.

O fotodocumentário é outro estilo de narrativa que se utiliza da fotografia para narrar histórias. Nesse caso, o objetivo é aprofundar o olhar, ampliar as perspectivas de análise e informação, rompendo com a objetividade.

Inúmeros são os exemplos de fotodocumentários que abrem caminhos para a transformação da visão de mundo de parte da sociedade. Ao mostrar as injustiças e a ingerência política em questões sociais, raciais, étnicas e religiosas, ajudam a sociedade a pressionar governos e Poder Público para que atuem efetivamente no sentido de eliminar ou mitigar injustiças, mazelas ou desigualdades de qualquer natureza.

Por sua dualidade – de um lado, revela a riqueza cultural, a miscigenação e a luta do povo, de outro, as desigualdades, as injustiças e o sofrimento –, o Brasil apresenta vasta gama de temáticas que podem ser tomadas como objeto para produzir ótimos fotodocumentários. O país é celeiro de excelentes fotodocumentaristas, entre eles, Sebastião Salgado, reconhecido e premiado mundialmente por seu trabalho, marcado pela profundidade, realidade e humanidade dos temas retratados.

4.2
Narrativas em convergência

Ainda que a utilização de narrativas de forma combinada não seja exatamente uma inovação, o advento da internet transformou o que era uma possibilidade em algo necessário e natural. Estamos nos referindo nesse momento à convergência midiática, que fomentou uma ressignificação até então não experimentada, visando sempre atrair mais público.

O termo *convergência midiática* foi desenvolvido pelo professor e pesquisador norte-americano Henry Jenkins (1958-), e designa a riqueza da experiência ampliada, na possibilidade de ofertar ao público um leque de informações que extrapolam o inicialmente revelado, ampliando os canais e produzindo conteúdos diferentes e inéditos. Esse conjunto de fatores satisfaz de forma ampla aquele que consome a informação.

A convergência midiática também provocou maior democratização e disseminação da informação, em virtude do desenvolvimento da tecnologia. Os *smartphones*, por exemplo, com suas múltiplas funcionalidades, permitem que o usuário comum produza fotos em altíssima resolução e vídeos com definição de cinema, além de editar imagens e postá-las nas redes sociais, de forma muito rápida e simples.

Feita essa breve explanação a respeito da convergência midiática, podemos discutir de que forma as narrativas convergem considerando a mídia na pós-modernidade.

O modo como consumimos informações alterou drasticamente a lógica midiática industrial. Sob essa ótica, o jornalismo precisou se reinventar para sobreviver ao contexto pós-moderno de produção de conteúdo diversificado. Afinal, os veículos de comunicação e os jornalistas já não detêm a exclusividade da produção e da divulgação de conteúdos midiáticos. Isso também acarretou o surgimento de um novo modelo narrativo que explora cada vez mais as possibilidades das múltiplas mídias: as narrativas convergentes.

A lógica da narrativa transmídia implica a disseminação de conteúdos em diferentes mídias, ampliando, assim, a experiência de quem consome a informação. Aqui, porém, convém fazer o alerta de que há uma diferença conceitual na forma de disseminação das narrativas midiáticas, entre crossmídia e transmídia.

Na **narrativa crossmídia**, um conteúdo é produzido originalmente para ser veiculado por certa mídia e, posteriormente, é transmitido em outras mídias; nesse caso, costumeiramente é uma replicação do conteúdo publicado na mídia original e, eventualmente, apresenta conteúdos extras. Portanto, trata-se de um cruzamento de mídias diversas.

Do ponto de vista da informação, a narrativa crossmídia é mais limitada, pois o receptor quase sempre recebe a mesma informação independentemente de qual seja a mídia. Isso pouco enriquece a experiência e tem baixo potencial de ampliar os horizontes a respeito do assunto em questão.

Por sua vez, a narrativa transmídia é extremamente rica no que tange à experiência. Isso porque, diferentemente da narrativa crossmídia, dissemina conteúdos diversos sobre o mesmo tema, em diversas mídias. Como consequência, os conteúdos se complementam, ampliando os horizontes informativos para que o receptor acesse o maior número de informações possível sobre o tema.

A narrativa transmídia, quando bem executada, provoca no receptor um sentimento de satisfação, quando este percebe que o múltiplo conteúdo a ele ofertado atende de forma mais elaborada e completa sua necessidade. O receptor sente estar se munindo de subsídios que o instrumentalizam a entender melhor os diferentes contextos e a história como um todo. A experiência da narrativa transmídia também permite uma maior interação do receptor.

Por exemplo, ao se transmitir uma partida de futebol na televisão, é possível fornecer dados estatísticos de cada um dos times pela internet. Outra possibilidade é convidar quem está acompanhando o jogo a acessar pelo celular um aplicativo criado para simular as chances de sucesso do time ao longo do campeonato, de acordo com o desempenho atual da equipe. Ainda, há a possibilidade de o espectador acompanhar um *podcast*, no momento em que quiser, sobre as curiosidades a respeito do time ou, até mesmo, participar de um jogo *on-line*, no qual o jogador poderá disputar uma partida virtual envolvendo os dois times.

Nesse sentido, a narrativa transmídia é uma experiência rica, extremamente atrativa e agradável, ao combinar diferentes mídias que são únicas e, ao mesmo tempo, complementares. O desejo de interação do público com os produtos midiáticos é uma realidade.

Essa nova dinâmica, em que o consumidor de conteúdos pode ser também um produtor de mídia, permitiu que o número de *blogs*, canais no YouTube ou mesmo perfis em plataformas como Instagram, Facebook e Tik Tok ganhassem um espaço considerável e se transformassem em influenciadores digitais[1]. Esse fenômeno, como explica Jenkins (2009), ocorre graças à convergência das mídias e à capacidade híbrida do sujeito, não mais restrito ao consumo passivo da informação. Nas redes sociais, os usuários são convidados a criar conteúdos, muitas vezes originais e tão atrativos quanto aqueles produzidos por veículos especializados.

Não são poucos os produtos midiáticos que sofrem interferência direta dos fãs, que sugerem e, muitas vezes, impõem novos caminhos para as histórias; quando não conseguem, eles próprios criam suas narrativas, como foi o que ocorreu com a aclamada e multipremiada série de televisão a cabo *Game of Thrones*. Insatisfeitos com

---

[1] Em 2015, a *youtuber* curitibana Kéfera Buchman se tornou uma coqueluche entre o público jovem. Antes da metade do ano, publicou o livro *Muito mais que 5inco minutos*, que vendeu, de acordo com o *site* PublishNews (2020), especializado no mercado editorial, quase 200 mil cópias, alcançando o 4º lugar no *ranking* anual na categoria não ficção, e 5º lugar na lista geral – que inclui todas as categorias. No ano seguinte, a mesma obra vendeu mais 100 mil cópias, alcançando o 10º lugar de vendas.

a forma como os produtores concluíram a obra, alguns fãs editaram as cenas finais da trama, modificando seu desfecho, dando um rumo diferente aos personagens principais da série e provocando um verdadeiro furor nas redes sociais.

Todavia, por mais que seja extremamente enriquecedor e atrativo do ponto de vista da experiência, o jornalismo enfrenta dificuldades na produção de narrativas transmídias. Um dos problemas está relacionado ao tamanho das equipes das redações jornalísticas.

Narrativas transmídias satisfatórias, que atendem de forma plena ao receptor, exigem uma quantidade de profissionais de que boa parte dos veículos de comunicação não dispõe. Conciliar a necessidade de se produzir jornalismo factual e narrativas transmídias bem-elaboradas é extremamente difícil quando não há profissionais em número suficiente, e não estamos falando apenas de jornalistas.

A produção de uma narrativa transmídia é multidisciplinar. Trata-se da união de forças e de talentos de diferentes áreas; em equipes de trabalho reduzidas, a missão é praticamente impossível. A solução para esse problema seria a contratação de mais profissionais. Surge, então, outro problema, diretamente ligado ao primeiro: o custo de produção de tais narrativas.

Por envolver diferentes mídias, os conteúdos transmidiáticos precisam ser monetariamente viáveis para que os veículos de comunicação demonstrem interesse em produzi-los. Obviamente, é possível elaborar estratégias para viabilizar economicamente projetos transmidiáticos, por meio de patrocinadores, financiamentos coletivos, apoio de agências privadas ou governamentais de fomento científico etc.

Todavia, isso limita as possibilidades, e o que se observa em muitos casos são projetos isolados ou pontuais, que, embora sejam bem-elaborados, representam a minoria das produções jornalísticas divulgadas pelos veículos de comunicação pertencentes à mídia hegemônica.

Outra questão relativa à produção de narrativas transmídias diz respeito à falta de profissionais tecnicamente capacitados em multimeios. Como já mencionamos, os produtos narrativos transmidiáticos jornalísticos exigem atuação e experiência multiplataformas. Ainda que as universidades estejam incorporando essas competências na formação de futuros jornalistas para atender também a essa necessidade, na maioria dos casos os egressos acabam atuando em áreas específicas, sendo poucos os profissionais que têm a visão global e sistêmica de todas as etapas da produção transmídia.

Se existem essas dificuldades, é preciso registrar que há alguns facilitadores: o desenvolvimento tecnológico permitiu o acesso a equipamentos, programas, sistemas e conexões a preços acessíveis. Isso promoveu a produção de objetos narrativos transmidiáticos criados por "idealizadores independentes". Isso se deu porque atualmente são muito maiores as possibilidades de se contar histórias que atinjam diferentes mídias de forma exclusiva e complementar, com baixo orçamento.

Nesse sentido, a mídia independente tem se destacado na produção de narrativas transmidiáticas, primando por um olhar humanizado e pela heterogeneidade de vozes, sem, contudo, abrir mão da qualidade no conteúdo e da precisão nos dados. Assim, tem adotado um posicionamento de contraponto à imprensa hegemônica, de embate e resistência ao jornalismo factual, ao analisar e discutir temas que muitas vezes são tratados de forma superficial e preconceituosa por parte da grande mídia. Tais narrativas oferecem ao receptor produtos jornalísticos mais robustos e completos, enriquecendo a experiência de quem consome as informações. Mais adiante versaremos especificamente, e de forma mais detalhada, a respeito das narrativas transmídias.

4.3
Comunicação em ambiente de mobilidade

A partir de 1995, quando o *Jornal do Brasil* lançou sua primeira edição *on-line*, o jornalismo brasileiro iniciou uma ininterrupta metamorfose. Se até aquele momento o papel era ainda hegemônico na condição de plataforma para os veículos de comunicação de massa, daquele momento em diante o ambiente virtual ganharia mais espaço e investimento (Ferrari, 2014).

De modo geral, essa transformação no modo de consumir informação e notícia é reflexo do "grande avanço que aconteceu entre setembro de 1993 e março de 1994, quando uma rede até então dedicada à pesquisa acadêmica se tornou a rede das redes, aberta a todos" (Briggs; Burke, 2006, p. 300). Naquele momento, a internet – além de infimamente mais lenta, se comparada às atuais possibilidades de velocidade – estava restrita, em termos de uso doméstico, quase unicamente aos computadores pessoais. Os *notebooks* não figuravam entre os equipamentos eletrônicos de uma casa, não se falava em Wi-Fi tampouco em *smartphones* ou *smartTVs*. Ainda assim, surgia uma nova forma de pensar e criar a notícia, cujo resultado prático foi o nascimento uma dieta informacional mais calórica e de curadoria menos especializada.

Essa dinâmica rompia com as noções geográficas, temporais e de lógica de publicação. As duas últimas mudanças, em especial, ressignificaram o *modus operandi* das redações: o conteúdo podia estar ao alcance do público tão logo o fato ocorresse. Isso, obviamente, já era possível com a televisão e o rádio. Entretanto, a internet tornou possível fazer a edição de conteúdo em tempo real.

À medida que a internet ganhava mais espaço no cotidiano, em especial da classe média, os veículos de comunicação de massa migraram do *off-line* para o ambiente virtual, buscando alternativas para remodelar o que até então era produzido. Como afirma Marshall McLuhan (2005, p. 52), em *Os meios de comunicação como extensão do homem*, "as tecnologias são meios de traduzir uma espécie de conhecimento conhecimento". Entretanto, tal capacidade de tradução – e, por que não dizer, ressignificação – cria uma relação de **dependência** em que o sujeito fica à mercê do alcance e da dimensão da tecnologia mais recente.

Nesse sentido, a recombinação de linguagens e mídias foi fundamental para que a tecnologia *mobile* ampliasse sua importância, principalmente entre os jovens.

Uma pesquisa encomendada pelo Centro Regional de Estudos para o Desenvolvimento da Sociedade da Informação (Cetic), órgão ligado ao Comitê Gestor da Internet, e divulgada em agosto de 2019, apontou que, entre 2008 e 2019, o índice de brasileiros conectados à internet passou de 34% para 70%, superior à média mundial de 48% (Valente, 2020).

Esse número, porém, apresenta variações de acordo com a classe social. Entre os entrevistados da classe A, 92% usam a internet com regularidade. Já nas classes D e E, o retrato é um pouco divergente: somente 48% têm acesso a esse serviço. Em um panorama geral, do total de usuários da *web* no Brasil, 56% acessam a rede mundial de computadores via celular.

A Figura 4.1 representa como o acesso à *web* é flutuante e varia de acordo com a classe social e a escolaridade do usuário. Nesse sentido, os dados revelam que a desigualdade social é espelhada também no acesso à internet.

Figura 4.1 – Dados da pesquisa TIC Domicílios 2018

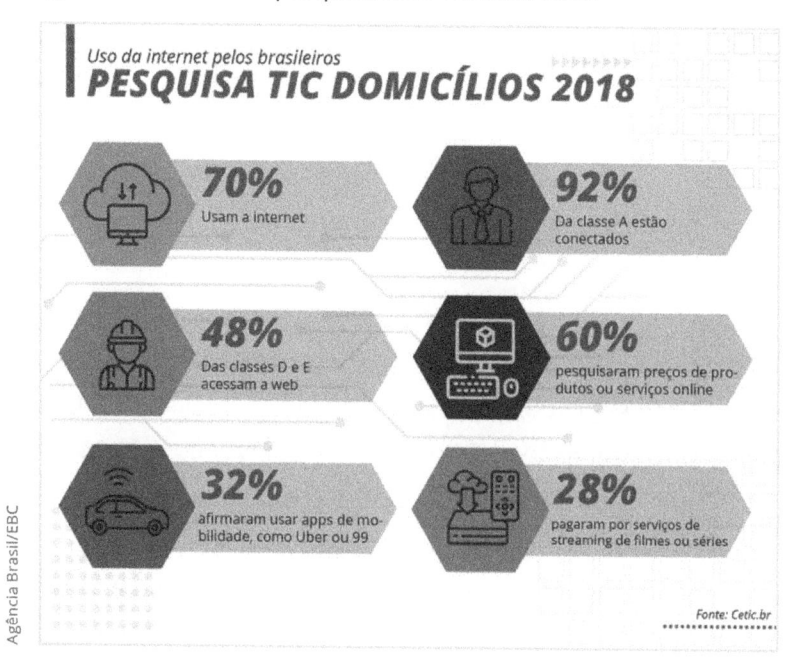

Uso da internet pelos brasileiros
PESQUISA TIC DOMICÍLIOS 2018

- 70% Usam a internet
- 92% Da classe A estão conectados
- 48% Das classes D e E acessam a web
- 60% pesquisaram preços de produtos ou serviços online
- 32% afirmaram usar apps de mobilidade, como Uber ou 99
- 28% pagaram por serviços de streaming de filmes ou séries

Fonte: Cetic.br

Fonte: Valente, 2019.

A proeminência do acesso *mobile* tem um efeito prático no cenário de criação de conteúdo: a elaboração com foco em celulares e *tablets*. A tendência é, portanto, aquilo que tem sido chamado de *mobile first*, isto é, os *sites* são concebidos prioritariamente para a visualização em dispositivos móveis. Em geral, as páginas de veículos de comunicação, lojas e empresas apresentam caráter responsível, ou seja, adaptam-se automaticamente para a visualização em *desktops* ou *smartphones*.

∴ HTML5

HTML5 é a quinta atualização da linguagem de programação para a internet. Diferentemente das versões anteriores, ela apresenta funcionalidades para maior desempenho em ambiente *mobile*, isto é, para o uso via celular.

O desenvolvimento dessa nova versão da linguagem tornou possível criar páginas na *web* ajustáveis ao consumo em *smartphones* e *tablets*.

Essa maior conectividade se deve, em grande parte, à modernização das linguagens de programação, em especial, o HTML5, cuja tecnologia possibilitou, ainda, a integração multimídia com mais qualidade e recursos com efeitos 2D e 3D – otimizando a velocidade e a utilização da memória de celulares e computadores.

A expansão dos meios digitais, no que Steve Jobs chamou de *era pós-PC*, dilatou o tempo e o espaço para o consumo de informação. Se nos primeiros anos da veiculação *on-line* os meios de comunicação praticamente não usavam imagens – em razão do tempo de carregamento das páginas –, atualmente as fotografias e os vídeos são elementos básicos na notícia. Não é incomum que texto, imagem e vídeo se complementem na formação e formatação do conteúdo.

Inovações também foram impulsionadas pela tela capacitativa – na qual é possível tocar com os dedos para movimentá-la e acessar o conteúdo – , reconfigurando a maneira como os conteúdos estão dispostos nos *sites*. Vale lembrar que os primeiros celulares cujas telas davam acesso às funcionalidades do aparelho exigiam uma caneta especial e não respondiam de outra maneira.

Desde o lançamento do iPhone, criado pela Apple em 2007, a relação entre o usuário e o telefone móvel sofreu uma das principais mudanças, ao combinar as funcionalidades de um aparelho celular, GPS, câmera fotográfica e computador de bolso. O sistema operacional, o iOS, foi o primeiro a permitir o uso de aplicativos – *softwares* construídos para executar as mais diversas tarefas –, criando não somente um novo modelo de usabilidade do celular, mas também uma nova modalidade de negócio.

O surgimento dos aplicativos foi decisivo para revolucionar a maneira como as pessoas passaram a usar a tecnologia na resolução de problemas do cotidiano, como questões de mobilidade – por meio dos aplicativos de transporte –, consumo de filmes e músicas – com o *streaming* –, entrega de comida e mercadorias – graças aos aplicativos de *delivery* – e tantos outros. Esse processo de compra a distância, em alguma medida, expandiu a experiência do supermercado, criando uma espécie de desterritorialização do comércio. É possível negociar produtos com vendedores em qualquer parte do globo sem sair de casa. A curadoria dos produtos é randômica – isto é, gerenciada por algoritmos – e gera uma falsa impressão de que o usuário é detentor do poder de decidão. Tal processo, entrementes, atualiza a máxima de Sartre (2015), de que somos apenas livres para escolher, e essa liberdade é, na verdade, vigiada e premeditada.

Uma pesquisa realizada pela Alexandria Big Data, em 2018, revelou que 83% dos brasileiros pertencentes às classes A, B, e C assinam algum serviço de *streaming* de música ou filme (Ruic, 2018). O levantamento revelou também que, dessa amostragem, 82% assumiram ter reduzido o consumo de conteúdo pirata.

A conexão ininterrupta com a internet já não é algo reservado para o futuro; isso já faz parte da realidade cotidiana. Para além de computadores, celulares e aparelhos de televisão, o desenvolvimento de dispositivos *wearables* – como *smartwatches* e óculos de realidade aumentada – e o fortalecimento da internet das coisas traz à tona a discussão sobre a hiperconectividade e a utilização para fins comerciais dos dados dos usuários.

∴ Internet das coisas

A internet das coisas é um ecossistema tecnológico em que objetos do cotidiano e aparelhos domésticos são interconectados por meio da rede mundial de computadores. Apesar de parecer algo distante, já é realidade em alguns países como Suíça e Dinamarca.

Usando a troca de informações, os aparatos tecnológicos podem ajudar o sujeito na escolha dos produtos que devem ser comprados no mercado, pois é possível checar o estoque da geladeira.

Esse mesmo mercado, por sinal, pode ser localizado em uma busca por estabelecimentos mais próximos do usuário. E a iluminação da casa pode ser acionada remotamente via aplicativo de celular.

∴ Pós-verdade e *fake news*

De acordo com o dicionário da Universidade de Oxford, *pós-verdade* é um substantivo "que se relaciona ou denota circunstâncias nas quais fatos objetivos têm menos influência em moldar a opinião pública do que apelos à emoção e a crenças pessoais" (Fábio, 2016).

Fake news é um termo da língua inglesa que designa notícias falsas e que se refere à disseminação de informações veiculadas em meios digitais ou impressos cuja veracidade não é comprovada. As *fake news* são, em geral, utilizadas com a finalidade de criar desinformação e conduzir as pessoas a determinadas ações. Esse assunto ganhou repercussão após a eleição de Donald Trump para a presidência dos Estados Unidos, em 2016.

Sem sombra de dúvidas, é na atual interação entre o homem médio e as tecnologias – isto é, o acesso amplo às novas tecnologias, o uso mais constante e cotidiano – que o conceito dos meios de comunicação de massa como extensão do homem, criado por McLuhan na década de 1960, atinge seu ápice. Se antes pensar era existir, atualmente existir é fazer-se presente nas redes sociais. A virtualização das relações e a criação de comunidades cuja existência se limita ao ambiente *on-line* alteram a noção do real – tanto no que diz respeito ao tempo quanto ao espaço – e reconfiguram a ideia de história.

Como explica Pierre Lévy (2010, p. 116), "hipertextos, composições multimídia, [...] e novas escritas dinâmicas podem muito bem reintroduzir certas formas de distância histórica". Em outras palavras, a ausência de curadoria à qual a internet está submetida – entre outras razões, porque os usuários são também criadores, editores e curadores do que consomem – permite que tentativas de reescrita e reinterpretação da história e do real pululem no ambiente virtual.

Movimentos negacionistas – como os que recusam a existência do holocausto ou apregoam a ideia da Terra plana – encontram terreno fértil na internet. O filósofo chinês Byung-Chul Han (2017, p. 22, grifo do original) argumenta que "mais informações e mais comunicação não **clarificam o mundo**". O autor acrescenta que a grande quantidade de informação e de imagem a que estamos submetidos é reflexo do vazio, pois a sociedade sofre com a falta de verdade – pós-verdade e *fake news* – e vive de aparências, criando aquilo que ele chama de *sociedade da transparência*.

Síntese

É fundamental pensar a narrativa como uma estética para além do textual. A convergência das mídias também é a convergência das narrativas. Atualmente, um texto já não está sozinho: é acompanhado minimamente de uma imagem ou vídeo, mas também pode ser, por exemplo, um diálogo com um *podcast* ou mesmo com outro texto. Essa hiperconexão dá o tom da construção da informação.

Hoje em dia, já não se assiste a um filme na magia da sala escura, pois, em simultâneo, o espectador está conectado à internet comentando em tempo real aquilo que está na tela. De um lado, perde-se o caráter imersivo da experiência; entrementes, ganha-se a possibilidade de um emaranhado de novas conexões e ramificações que permite, talvez, uma maior compreensão da obra.

Em paralelo, podemos afirmar que, em alguma medida, já não existe mundo *off-line*. Estamos conectados durante boa parte do dia, ainda que inconscientemente, porém, os dados e as informações continuam a ser transmitidos. O simples ato de ir de casa para o trabalho já se configura como um exemplo de captura de informações. No caso, os aplicativos de GPS conseguem calcular rotas, tempo de trajeto e consumo de combustíveis com base no histórico do percurso.

É certo que esses são os estágios iniciais para o desenvolvimento de veículos autônomos, que fazem viagens de 370 km (Exame, 2020). A grande barreira para a continuidade nas pesquisas estava centrada na segurança e na questão ética (Ampudia, 2018) durante acidentes[2].

O certo é que a convergência já não está no horizonte, mas é uma constante, algo presente no cotidiano, mesmo nas ações que, aparentemente, são simples.

---

2   O debate sobre a questão ética dos carros autônomos ainda não está encerrado, mas está centrado na discussão a respeito do que deveria ser priorizado em caso de colisão e acidente. O carro deveria zelar pela segurança do condutor ou "preferir" traçar estratégias que "salvassem" o maior número de pessoas – mesmo que estas não sejam ocupantes dos veículos?

Questões para revisão

1. Como a imprensa utiliza a linguagem das charges para expressar opiniões e criar vínculos com seus leitores?

2. Com a passagem do tempo, as HQs passaram a integrar não apenas os espaços opinativos dos veículos, mas também se tornaram conteúdos jornalísticos ricos e bastante complexos. Cite exemplos da simbiose entre as linguagens das HQs e do jornalismo.

3. Como a linguagem de programação HTML5 ajudou na dispersão e difusão de conteúdos em plataforma *mobile*?
    a) Por adaptar páginas *web* com mais facilidade às diferentes interfaces, além de consumir menos dados.
    b) Por compactar os conteúdos de páginas *web* para um formato *mobile* que impede a reprodução de áudio e vídeo, reduzindo também a qualidade gráfica do material textual.
    c) A linguagem HTML5 já está ultrapassada e não é mais adequada às necessidades do usuário médio.
    d) *Sites* construídos em HTML5 estão disponíveis apenas para dispositivos como *smartphones* e *tablets*; portanto, exigem conteúdos exclusivos para essas plataformas.
    e) Nenhuma das alternativas anteriores está correta.

4. Analise as seguintes considerações a respeito da internet das coisas e qualifique-as como verdadeiras (V) ou falsas (F):
    ( ) Trata-se de um ecossistema que somente conecta os dispositivos móveis à internet.

( ) É um ecossistema tecnológico em que objetos do cotidiano e aparelhos domésticos estão conectados à rede mundial de computadores.
( ) A internet das coisas tornou possível gerenciar o acendimento de luzes, o estoque de produtos na geladeira e a funcionalidade da máquina de lavar.
( ) A internet das coisas ainda é um protótipo e não está disponível no mercado.
( ) O exemplo mais comum da internet das coisas são os assistentes pessoais automatizados e que, por comando de voz, executam tarefas como aumentar o som da televisão ou fazer uma ligação.

Agora, assinale a alternativa que corresponde à sequência correta de preenchimento dos parênteses, de cima para baixo:

a) V, F, F, V, V.
b) F, V, V, F, F.
c) F, V, V, F, V.
d) V, V, F, V, V.
e) F, F, V, F, F.

5. Assinale a alternativa que explica corretamente o conceito de *fake news*:
    a) São notícias com conteúdo incongruente à realidade devido à falha de apuração.
    b) São conteúdos falsos travestidos de jornalismo com o intuito de levar, propositalmente, desinformação.

c) É uma modalidade de conteúdo humorístico que usa a linguagem jornalística com fins de entretenimento.
d) Foi uma modalidade de conteúdo jornalístico anterior ao atual padrão e não usava os princípios do lide e da pirâmide invertida.
e) Todas as alternativas anteriores estão incorretas.

Questões para reflexão

1. Como a internet democratiza o acesso à informação?
2. De que maneira diferenciar o acesso à informação e o acesso a conhecimentos diversos?

Capítulo

05

Jornalismo e cultura da convergência

Conteúdos do capítulo

- A reinvenção do jornalismo.
- Jornalismo de dados.
- O hibridismo na rede.
- Narrativas transmídias.
- A narrativa nas HQs.
- Folhetim.
- Tabloide.
- *Webcomics*.
- HQs e literatura.
- Jornalismo e HQs.
- Elementos do *comics journalism*.

Após o estudo deste capítulo, você será capaz de:

1. especificar as manifestações mais recentes do jornalismo;
2. criar conexões entre o fazer jornalístico e as expressões artísticas;
3. aplicar as novas estratégias para a criação de conteúdo jornalístico.

5.1 Reinvenção do jornalismo

Como apresentamos anteriormente, todas as transformações nas plataformas de informação interferem diretamente na maneira como o jornalismo se desenvolve e se reinventa. Se o jornal de papel – comprado diariamente na banca – está perdendo circulação, os portais de informação se consolidaram como fonte para a maioria das pessoas. Entre 2015 e 2017, os jornais impressos brasileiros encolheram em meio milhão de exemplares (ABI, 2018), ao passo que as assinaturas digitais cresceram 5,8% no mesmo período.

Duas teorias davam conta da produção jornalística até o surgimento da cultura da convergência. A primeira, possivelmente a mais difundida e conhecida – *gatekeeper* –, afirma que os veículos de imprensa são os responsáveis por decidir o que seria noticia – por meio de uma curadoria que seguia os padrões daquilo que seria ou não noticiável (Noblat, 2012) – e por levar esses fatos ao conhecimento público.

A teoria do *newsmaking*, por sua vez, pressupõe que o jornalismo é, antes de tudo, uma linha de produção. Segundo essa visão, os jornalistas não teriam autonomia para decidir o que é ou não uma informação válida a ser transmitida, ficando subjugados à produção industrial do noticiário factual (Mattelart; Mattelart, 1999).

Nesse cenário de reinvenção e apropriação, os portais de informação se transformaram em ambientes híbridos, combinando as mídias antigas – como o texto e o áudio – com as novas mídias – como o vídeo em alta definição, efeitos 3D, realidade aumentada e interação em tempo real. Essa nova modalidade do fazer jornalístico combina, basicamente, três elementos, e é chamada de cultura da convergência, conforme exposto por Jenkins (2009, p. 125):

- Convergência dos meios de comunicação – não existe mais o isolamento das mídias, isto é, um conteúdo específico pode ser composto de texto, imagem, vídeo, infográficos e quaisquer outros elementos que ajudem na interpretação dos dados e fatos. Não à toa, o jornalismo de dados tem ganhado espaço e relevância na grande imprensa.

- Cultura participativa – o consumidor da informação ou produto comunicacional deixa de ser um agente passivo e transforma-se ele próprio em produtor. Essa relação é comum entre os fãs de filmes, séries e livros massificados. A partir da história original são criadas, por esses fãs, histórias ou produtos derivados. Esse fenômeno aliado à comunicação de massa gera engajamento e identificação

com do público, que pode, inclusive, gerar conteúdo para alimentar páginas e sites.
- Inteligência coletiva – são conhecimentos produzidos através da colaboração de diversos sujeitos e refletem as inúmeras diversidades desse sistema. Conteúdos criados em plataformas de colaboração – como a Wikipédia – representam com fidelidade esse fenômeno.

5.2
Jornalismo de dados

O jornalismo de dados se caracteriza pelo uso de dados numéricos e estatísticos para a construção da notícia. A apuração, para além do formato clássico de contatos com fontes, baseia-se na comparação e na interpretação de dados oferecidos por terceiros e obtidos pelos próprios veículos de comunicação.

Apesar de ser considerado uma tendência atual, o jornalismo de dados não é um fenômeno necessariamente recente. A primeira edição do jornal britânico *The Guardian*, publicada em 1821, publicou um grande levantamento com todas as escolas de Manchester, os custos operacionais de cada instituição e o número de alunos.

A necessidade de se criar uma nova abordagem para a notícia não representa um fenômeno atual ou isolado. Ao longo da história, o fazer jornalístico se reconfigurou inúmeras vezes, por exemplo: ao flertar com a literatura – no jornalismo literário produzido a partir da década de 1940; ao dialogar com a vídeo-arte – em cenários inspirados em instalações artísticas; e na tentativa de o jornalismo *on-line* voltar aos primórdios do gênero.

Para Jenkins (2009, p. 386), a convergência cultural diz respeito ao "fluxo de conteúdos através de múltiplas plataformas de mídia, a cooperação de múltiplos mercados midiáticos e o comportamento migratório dos públicos dos meios de comunicação que vão a quase qualquer parte em busca das experiências de entretenimento que desejam".

Em síntese, o jornalismo, ao se apropriar de todos esses elementos, busca, antes de tudo, o diálogo com as novas mídias e, claro, a sobrevivência. O processo de convergência já não é uma tendência ou uma utopia, mas uma constante no cotidiano da notícia e da informação.

É interessante pensar que, quanto mais jovem for o público-alvo do veículo, mais recursos serão empregados na construção do conteúdo. As gerações mais jovens, principalmente a Z, são compostas de nativos digitais, ou seja, nasceram em meio à profusão de recursos tecnológicos a seu alcance. Na prática, isso significa que eles detêm domínio desses mesmos recursos, cabendo aos jornais se adaptarem a essas novas demandas.

A geração Z é formada por pessoas que nasceram a partir de 1995 e se caracteriza, principalmente, pela grande intimidade com os recursos tecnológicos. A geração anterior, conhecida por *Millennials*, ou Y, diferencia-se justamente pela necessidade de se adaptar ao uso de computadores e da internet.

Com forte engajamento social e ambiental, os jovens da geração Z mantêm intensa interação virtual, fazendo do ambiente *on-line* seu *habitat* natural. No entanto, estão mais acostumados com os avanços tecnológicos e o descarte de aparelhos e aparatos.

Em contrapartida, esses jovens tendem a ser mais ansiosos diante de processos, haja vista a velocidade das novas dinâmicas de criação e consumo dos conteúdos.

Nessa nova configuração, a informação abandona seu caráter cartesiano e se transforma em uma operação ramificada por *hiperlinks*, no qual um conteúdo está ligado a outro em uma cadeia praticamente infinita de interconexão.

Um exemplo prático dessa ramificação são os canais de vídeos na internet. Ao escolher determinado assunto, o usuário informa que aquele é um de seus interesses e receberá *à la carte* mais conteúdos que dialoguem com sua primeira escolha. Na medida em que o usuário busca por novos interesses, o algoritmo do *site* de vídeos cruza essas informações – obtidas por meio de palavras-chave – para entregar vídeos de maneira mais assertiva.

Tendo em vista a ciência da computação, o algoritmo pode ser definido como o conjunto de ações executáveis e que têm como objetivo a resolução de um problema. Sua acepção não se restringe à nossa era, uma vez que era um termo usado pelos matemáticos gregos. De qualquer modo, ao tratarmos do algoritmo como um elemento inalienável da era da informação, é fundamental pensá-lo como uma ação mecânica – derivada de uma programação anterior – e precisa – que, obrigatoriamente, responde com exatidão à sua função.

Os algoritmos ganharam destaque nos últimos anos por estarem atrelados aos mecanismos de busca e serem os responsáveis pelo cruzamento de informações que podem, ou não, elencar uma página da internet nos resultados de pesquisas partindo do uso de determinados termos. Periodicamente, os buscadores atualizam e aperfeiçoam seus algoritmos para garantir fidelidade aos resultados e impedir que as fórmulas sejam reveladas ou "aprendidas" por *bots*.

A lógica, obviamente, não é novidade e deriva da mesma estratégia utilizada pelos buscadores: termos que, elencados, levam a resultados que melhor se encaixam no pedido de informação. Para melhor atender às necessidades (leia-se desejo por resultados assertivos) dos internautas, os *sites*, tanto as páginas noticiosas quanto as de *e-commerce*, valem-se de uma técnica conhecida como *search engine optimization* (SEO), ou seja, otimização para mecanismos de busca.

Resumidamente, o SEO pode ser definido como o conjunto de técnicas que, por meio de palavras-chaves, ajudam a dar visibilidade aos *sites* nos resultados de buscadores. Na prática, isso significa que essas ferramentas ajudam o usuário a encontrar a informação ou o produto que estava procurando. É importante, entretanto, saber que o SEO envolve não apenas estratégias textuais – escolha de palavras, por exemplo –, mas também aspectos técnicos que envolvem a arquitetura do *site*, como a linguagem de programação e a criação de *metatags*, que nada mais são que códigos criados para passar instruções a programas externos. Durante um processo de busca, os *metatags* são responsáveis por fornecer aos buscadores informações como título da página e uma breve sinopse do conteúdo.

Considerando que o alcance de público dos veículos *on-line* de informação é medido por sua audiência – isto é, acesso ao *site* –, as técnicas de SEO se tornaram fundamentais na disseminação da notícia. Por isso, uma informação bem-construída, segundo os padrões do *marketing* de busca, pode garantir um fluxo de acesso mais alto à página.

Essa dinâmica reflete diretamente as necessidades dos usuários, principalmente dos mais jovens, que esperam agilidade e respostas assertivas. Portanto, o que faz a diferença entre tantas opções de conteúdo disponíveis na internet é sua qualidade e como as diversas mídias se relacionam e se completam para criar um material sólido e, ao mesmo tempo, coerente e descomplicado.

5.3
Hibridismo na rede

Todos os fenômenos recém-citados levam à desomogeneização da internet, o que significa que o comportamento do usuário da rede já não segue um único padrão.

O *modus operandi* das novas gerações está marcado pelo hibridismo, noção criada por Hall (2011). De acordo com o sociólogo, o mundo pós-moderno dinamitou o conceito de uma identidade estática e imutável, alicerçada, basicamente, em três aspectos:

1. classe social;
2. círculos de convívio;
3. preferências culturais.

Ao estabelecer esses limites, por assim dizer, o sujeito estava inserido em determinado grupo e, intimamente, ligado a ele. A ruptura, aponta Hall (2011), acontece quando as identidades são fragmentadas, sendo possível transitar entre diferentes coletivos. Essa "crise de identidade" descentraliza as relações e faz as fronteiras sociais e geográficas serem mais tênues e, em alguns casos, até mesmo nulas.

Roger Scruton (PUCRS, 2019) declarou durante sua passagem pelo Brasil que as ações do sujeito estão intimamente ligadas à necessidade da busca de sentido. Ao transitar entre diferentes grupos, para além da aceitação, percebe-se o desejo de estabeler laços que ofereçam lastros para o pertencimento.

> Somos criaturas ávidas por sentido. Sem sentido é quase impossível aceitar viver. Buscamos significados até onde ninguém os implantou, como nas flores.
>
> [...] É o significado que os outros lhe conferem, através do reconhecimento da minha vontade, da compaixão pelo meu sofrimento e do perdão pelos meus defeitos. (PUCRS, 2019)

A desterritorialização promovida pelo uso intensivo da internet convida o homem pós-moderno a ter experiências que não fariam parte de sua vida décadas atrás. É possível caminhar pelas ruas das grandes capitais com apenas alguns cliques. Simuladores emulam veículos de corrida de alta *performance* ou, até mesmo, viagens ao espaço. Interagir com pessoas do outro lado do mundo, em tempo real, já é uma realidade palpável e cotidiana.

Tamanho é o número de possibilidades de vivências em "outras realidades" que as exigências do usuário médio de internet atingiram seu ápice. O reflexo mais contundente é a permanente construção e reavaliação das estratégias adotadas por empresas e veículos de comunicação para a apresentação de suas informações. Se antes acessar uma página com texto e foto era um recurso suficiente e satisfatório, atualmente a imersão nos conteúdos se tornou uma necessidade intrínseca, praticamente inalienável.

Sob essa ótica, é preciso, antes de tudo, construir uma experiência de uso – no jargão, *user experience*. Nesse sentido, não é exagero afirmar que todos esses deslocamentos em favor de uma *web* híbrida e descentralizada, focada no usuário, com respostas assertivas, só foi possível ao se romper com o comportamento horizontalizado.

Os produtos culturais – como música, cinema e literatura – passaram por grandes mudanças nos últimos anos. Entre as três, sem sombra de dúvida, a sétima arte foi a que assimilou mais mudanças. É impressionante pensar que até a década de 1970, para assistir a um filme, existiam apenas duas opções: ir ao cinema ou assistir em casa ao longo no horário programado pelas emissoras de televisão – o que significa que, nem sempre, o que era transmitido tinha relação com o que a audiência gostaria de ver. Com o surgimento das fitas VHS, popularizadas nos anos 1980, tornou-se possível escolher quais filmes seriam vistos em casa – optando-se entre cópias dubladas ou legendadas. Nesse processo de "domesticação" do vídeo, foi cada vez mais viável aprimorar soluções que potencializassem a experiência de imersão cinematográfica, até chegarmos à era do *streaming*, em que filmes e séries estão disponíveis a todo o tempo e em todos os lugares.

Quando se lança uma nova maneira de consumo, invariavelmente nasce uma nova forma de produzir. Não é novidade que muitos produtos audiovisuais veiculados nos serviços de *streaming* são resultado do cruzamento de dados dos usuários que os contratam. As plataformas, com base nos títulos mais assistidos, criam novas demandas que dialogam com essas preferências já estabelecidas. Outro disparador do *Big Data*, com foco em *user experience*, é a personalização das capas de filmes nos serviços de *streaming*. Seguindo as informações coletadas de seus assinantes, mediante outros produtos audiovisuais já consumidos, cria-se uma paleta de capas que se adapta ao perfil de cada usuário, tornando o filme ou a série mais atrativos.

O termo *Big Data*, o qual empregamos no parágarafo anterior, refere-se a um conjunto de dados que pode ser armazenado e processado para uma necessidade específica. A partir de um grande volume de dados, é possível utilizar técnicas de *Big Data* para analisar todas as informações armazenadas, criando resultados refinados e que podem ser categorizados seguindo parâmetros preestabelecidos.

É importante saber que o *Big Data* envolve três elementos fundamentais: velocidade, volume e variedade. Partindo dessa equação, pode-se criar estratégias e apontar soluções por meio de diagnósticos situacionais. Aqui, é interessante inserirmos um exemplo para clarificar esse conceito.

Pensar o **hibridismo** na rede é também um exercício para compreender o caráter de **globalização** da cultura. Essa é uma via de mão dupla porque, ao mesmo tempo em que o sujeito apropria-se da cultura que consome, o produto cultural também deve conter elementos de culturas diversas e que favoreçam a identificação de espectadores, ouvintes e leitores de diferentes origens e perfis.

Em certa medida, esse movimento de retroalimentação se configura como um processo intrínseco às novas mídias e, claro, também à arte. Artistas brasileiros como Vik Muniz, Adriana Varejão e Beatriz Milhazes, por exemplo, exploram as possibilidades de apropriação de fragmentos de culturas estrangeiras para criar obras que dialogam com questões caras ao Brasil.

O inverso – o uso da cultura brasileira como elemento-chave de uma obra – é também um ponto fundamental da criação de Beatriz Milhazes. A artista, em entrevista, explica esse processo de apropriação e ressignificação:

> nós três, de alguma maneira, nos utilizamos da cultura brasileira para criar diálogos, introduzimos nossa experiência de vida no país para dentro do próprio trabalho. Mesmo o Vik, que emigrou jovem e se desenvolveu nos Estados Unidos, guardou em seus conceitos algo inteligente, mas meio rude da nossa formação brasileira. Eu e Adriana, de jeitos bastante diversos, temos bem claras essas questões do nosso pensamento sobre a cultura do país. (Licory, 2013)

Para Stuart Hall, o processo de hibridismo das identidades corresponde à compressão do espaço-tempo e à noção de que as distâncias são, significativamente, menores. Por isso, "os eventos em um determinado lugar têm um impacto imediato sobre pessoas e lugares a uma grande distância" (Hall, 2011, p. 69).

Sob esse prisma, é fundamental entender que o caráter híbrido da internet expresso nas plataformas de informação é, acima de tudo, uma representação de culturas mediada por objetos temporais e espaciais. Na prática, isso configura a era da superinformação, em que todos têm acesso ao máximo de informação e conteúdo. Todavia, simultaneamente, a curadoria, anteriormente operacionalizada apenas pelos veículos de comunicação, tornou-se mais frágil, estando também ao alcance do leitor-usuário.

É interessante pensar, portanto, que a comunicação, para além de seus desdobramentos, incorporou elementos que, à primeira vista, lhe eram estranhos. Sem dúvida, a grande incorporação de aspectos da arte aos mecanismos de comunicação ajudou a moldar processos que dão fluidez à informação. Essa simbiose reflete bastante bem o caráter híbrido dos processos comunicacionais. Essas linguagens se valem uma da outra para a construção de seus produtos: o artista usa, por exemplo, as possibilidades do vídeo para a confecção de algo inédito[1] ou, ainda, imagens da cultura popular para sua transfiguração em obras de arte; e a comunicação se apropria do ideal de beleza – tão caro às artes plásticas – para a criação de um *site* de notícias cujo padrão estético siga regras do *design*. Também a publicidade, não raras vezes, encontra nas artes uma fonte inesgotável de referência.

Com as possibilidades de interação e integração maximizadas pela internet – que acabou abraçando também os grandes conglomerados de mídia –, os conteúdos não estão mais concentrados

- - - - -

1   O artista norte-americano Douglas Gordon se apropriou de *Psicose*, longa-metragem de Alfred Hitchcock, para a criação da sua instalação *24 hours Psycho*. A obra consiste na redução da velocidade de exibição do filme de tal modo que levasse 24 horas para ser exibido. Gordon ressignificou o trabalho do diretor inglês ao elaborar uma nova dinâmica paras as soluções de espaço e tempo concebidas pelo cineasta à guisa de provocar reações específicas no público.

em uma única plataforma; ao contrário, eles transitam livremente entre vídeos, áudios – principalmente com o crescimento do *podcast* como mídia de massa –, livros – que também podem se desdobrar entre a prosa e a *graphic novel* –, jogos de computadores e tantas outras mídias.

5.4
Narrativas transmídias

No capítulo anterior, fizemos um breve apanhado a respeito das narrativas transmídias. Agora, aprofundaremos essa abordagem. Comecemos pela seguinte afirmação: na era da superinformação, a linearidade é uma desobrigação. O uso de uma única mídia para contar uma história ou oferecer entretenimento é insuficiente aos olhos do público. Os produtos da indústria cultural já não se comportam mais como organismos cartesianos e planificados. Ao contrário, desdobram-se em diversas possibilidades de transmissão, ramificando sua dispersão nas mais diversas plataformas. É assim que se caracteriza a narrativa transmídia: pelo trânsito entre variadas linguagens e suportes, sempre de maneira complementar e não contraditória.

A narrativa transmídia é uma consequência direta da cultura de convergência, valendo-se dos três elementos citados por Jenkins (2009) – convergência dos meios de comunicação, cultura participativa e inteligência coletiva – para desenvolver e operacionalizar seus conteúdos.

Ao abordar a narrativa transmídia, dois exemplos se destacam por seu uso inovador: os projetos *A bruxa de Blair* e *Matrix*. Em ambos os casos, a mídia disparadora foi o cinema, e pouco a pouco a narrativa se expandiu para outras linguagens e meios. Analisemos os dois projetos.

A bruxa de Blair explora o mito de uma figura metafísica que assombra uma floresta no território dos Estados Unidos. O ponto de partida do filme são as fitas encontradas nessa floresta e que teriam sido gravadas por três documentaristas cujo objetivo era desmascarar a lenda. Após o desaparecimento dos cineastas, as imagens que eles gravaram seriam usadas para criar o longa. Entre outras coisas, *A bruxa de Blair* ajudou a popularizar uma linguagem cinematográfica que ficou conhecida como *found footage*.

Sem saber se a história era real ou ficção, os espectadores massivamente buscavam na internet informações sobre o desaparecimento dos três documentaristas. As buscas resultavam em notícias sobre o sumiço, detalhes sobre outros casos de pessoas que, misteriosamente, desapareceram após entrar naquela mesma floresta. Foi disponibilizado também em canais de TV a cabo um documentário sobre a lenda da bruxa e que contava com depoimento de pessoas que, supostamente, experenciaram algum contato com o mito. Essa miríade de informações e dados sobre a tal bruxa aumentou o *frisson* sobre o filme, gerando especulações cada vez maiores de que se tratava de um caso real.

Tempos depois, os produtores e diretores do projeto revelaram que todas as informações a respeito da bruxa – sua lenda, os desaparecimentos, o documentário – foram criados por uma equipe de *marketing* com o objetivo de criar uma experiência, não apenas de imersão, mas também de incerteza. A estratégia, ainda que tenha causado certa polêmica ao brincar com a ideia de realidade, fez o longa-metragem com orçamento de apenas US$ 60 mil arrecadar quase US$ 250 milhões em bilheteria.

É possível identificar os elementos da cultura de convergência de Jenkins (2009) em *A bruxa de Blair*:

- **Convergência dos meios de comunicação**: Percebe-se o uso do cinema como mídia de disparo e a inserção de conteúdo adicional em canais de televisão e em *sites* noticiosos.
- **Cultura participativa**: Espectadores iniciaram o processo de pesquisa e aglutinação de informações referentes à suposta bruxa, sendo criada, por exemplo, uma enciclopédia colaborativa em que era possível agregar verbetes e informações a respeito do caso.
- **Inteligência coletiva**: As informações apuradas ou replicadas pelos interessados no mito se transformaram em conhecimentos, sendo tomados como verdade.

No caso de *Matrix*, a ideia do real não foi contestada a partir da criação de informações falsas a respeito do projeto, porém, a noção de realidade é questionada pela própria narrativa do filme. De acordo com a história, em um futuro distópico dominado por máquinas, a população está adormecida para que o calor de seus corpos seja armazenado para a geração de energia. Para dominar os humanos, é criada uma simulação de realidade chamada Matrix. Um programador, ao desconfiar desse simulacro, torna-se um cibercriminoso ao tentar subverter o sistema.

Também nesse caso a mídia disparadora foi o cinema, mas tão logo o longa-metragem saiu das salas de projeção, foram lançados outros produtos que ajudavam a contar a história. O universo de *Matrix*, além dos três filmes, é composto por nove curtas-metragens de animação chamados *Animatrix*, um jogo para computadores e uma história em quadrinhos. Todos os produtos são complementares e formam um enredado quebra-cabeça narrativo.

Vale adotar a lógica de Jenkins (2009) mais uma vez para analisar como a franquia está inserida na cultura de convergência:

- **Convergência dos meios de comunicação**: Nota-se o uso de diversas mídias e plataformas para contar uma história, sendo que cada um dos produtos contém um recorte narrativo, criando a necessidade de complementação para que se conheça o todo.
- **Cultura participativa**: A partir dos elementos narrativos veiculados pelos produtos associados à franquia, os fãs podiam expandir esse universo por meio de suas próprias histórias, o que é chamado de *fanfic*, valendo-se de personagens secundários ou do estabelecimento de realidades paralelas.
- **Inteligência coletiva**: *Matrix* constitui um universo próprio e formal, ou seja, informações estão consolidadas e, dentro desse projeto, são ditas como verdadeiras, compondo um conhecimento produzido e apurado pelos fãs com base no que está disponível ou no que é teorizado com fundamento nas linhas narrativas da história.

É interessante pensar que a narrativa transmídia tem como objeto transcender a própria obra. Por isso, é fundamental compreender que a convergência não é fechada em si mesma, podendo ser compreendida também em três modalidades:

1. **Transmídia de introdução**: Cria-se um conteúdo à parte da plataforma de disparo, para estabelecer um cenário de contextualização e oferecer ao espectador/leitor/usuário uma espécie de introdução à história. Essa estratégia cria origens para os personagens e pode ajudar a delimitar a linha narrativa.
2. **Transmídia de aprofundamento**: Apresenta-se nos casos mais comuns, já que pode conter os outros dois exemplos de transmídia. Nesta categoria, os conteúdos criados têm como objetivo expandir a história, oferecendo elementos complementares e de amplificação. Podem ser citados os casos de *Matrix* e *A bruxa de Blair* como exemplos dessa modalidade.
3. **Transmídia de influência**: Usa elementos de introdução e aprofundamento para fortalecer a história criada, ramificando realidades, sem descontextualizar as características originárias da peça.

Observando a transmídia nos meios de comunicação de massa, percebemos que os veículos têm se desdobrado em diversas plataformas e se adaptado às linguagens de cada uma. Veículos com um conteúdo alternativo e descentralizado dos grandes grupos de mídia têm trabalhado os conteúdos transmídia de maneira mais eficaz e eficiente, explorando suas possibilidades com maior profundidade. Alguns *sites* de entretenimento ou de conteúdo de nicho conseguem, efetivamente, criar plataformas que dialogam entre si, mas que, simultaneamente, comportam-se de maneira isolada. Além do texto e das imagens contidos nas postagens em suas páginas na internet, esses *sites* agregam conteúdos em plataformas de veiculação de vídeos, *podcasts* em diversos agregadores e conteúdos específicos para as redes sociais – especialmente, para os formatos de transmissão cuja duração é especificada e limitada pelos aplicativos.

Como explica Jenkins (2009, p. 30), "a convergência representa uma transformação cultural, à medida que consumidores são incentivados a procurar novas informações e fazer conexões em meio a conteúdos de mídia dispersos".

Entretanto, em uma espécie de contramão voluntária, muitos veículos de comunicação abordam a multiplicidade de plataformas de maneira singular, transpondo seus produtos para outras mídias. Nesse sentido, por exemplo, é importante esclarecer que a simples transposição do áudio de um telejornal para o formato de *podcast* está longe de ser uma estratégia transmídia, configurando-se, no máximo, como ferramenta multimídia de um produto já existente.

5.5
Narrativa nas HQs: percurso histórico

Por muitos anos, as histórias em quadrinhos (HQs) eram consideradas sinônimo de conteúdo puramente infantil ou de entretenimento sem valor cultural. Personagens como Tintim, do belga Hergé (1907-1983), ou o gaulês Asterix, criado pelos franceses Albert Uderzo (1927-2020) e René Goscinny (1926-1977), que foram coqueluche nas décadas de 1940 e 1950, viram suas tiragens minguarem à medida que seus primeiros leitores chegavam à idade adulta.

Parte da rejeição sofrida pelas HQs advém da recusa em compreender a narrativa visual do gênero como um elemento intrincado de *storytelling* (explicaremos esse conceito detalhadamente mais adiante) e da ideia de que somente a palavra escrita – leia-se literatura – poderia ser admitida como arte.

A escritora Carol Bensimon, em um texto para a revista *Bravo*, rompe com os ideais de superioridade da dita *alta literatura* em detrimento das *graphic novels*. Para a autora, "as histórias em quadrinhos parecem pertencer ao mesmo gênero dos livros policiais", pois alcançam "sucesso de público, mas com raro reconhecimento da crítica" (Bensimon, 2010, p. 82). Ambos ocupam um lugar que a autora compara à areia movediça – um terreno indeterminado. Entretanto, Bensimon aponta que a obra *Jimmy Corrigan: o menino mais esperto do mundo*, de Chris Ware, pode ser considerado um livro tão revolucionário quanto *Ulysses*, obra-máxima de James Joyce (1882-1941), reconhecida como um dos textos mais importantes já produzidos.

Remontando o percurso histórico das HQs, é interessante pensar, contudo, que a primeira história em quadrinhos publicada foi *Les Amours de Mr. Vieux Bois* (Figura 5.1), em 1828, pelo cartunista suíço Rodolphe Töpffer (1799-1846). Essa HQ narra a saga do personagem-título para vencer um duelo e conquistar uma mulher que havia conhecido há pouco tempo. Publicada como folhetim na Suíça, não demorou para a obra de Töpffer ganhar o mundo, recebendo edições nos principais países europeus e nos Estados Unidos.

Figura 5.1 – Detalhe da HQ *Les amours de Mr. Vieux Bois*

Fonte: Centre Culturel Suisse, 2020.

No entanto, existem algumas divergências quanto ao pioneirismo de Töpffer. O alemão Wilhelm Busch (1832-1908), com as tirinhas *Max e Moritz*, de 1865, também figura como um dos pais do gênero. No caso de Busch, é preciso registrar que sua técnica, misturando textos intrincados e quadrinhos muito detalhistas, ajudou a criar e consolidar a técnica narrativa que popularizou as HQs. Quem o defende como precursor dessa linguagem acredita que foi ele quem refinou e aperfeiçoou aquilo que já vinha sendo produzido por outros artistas.

Os Estados Unidos demoraram um pouco mais para ter um quadrinho nacional. Foi em 1893 que James Swinnerton (1875-1974) publicou a tirinha *The little bears* no jornal *San Francisco Examiner*. Considerada a primeira HQ norte-americana com personagens recorrentes, criando uma espécie de narrativa contínua, *The little bears* apresentava uma estética infantilizada e continha animais antropomorfisados. O estilo tornou-se a estética característica da produção daquele país: os *funny animals* – animais falantes que vivem um cotidiano muito semelhante ao dos seres humanos, em especial da classe média. Essa técnica seria usada mais tarde por Walt Disney (1901-1966) e outros cartunistas.

Alguns historiadores, entretanto, remontam o surgimento das HQs a um período ainda mais distante: a pré-história, especificamente com relação às pinturas rupestres encontradas nas cavernas de Lascaux, na região de Montignac, no sudoeste da França. Nesse complexo de cavernas, descoberto em 1940 por quatro adolescentes, há mais de 600 pinturas, as quais podem datar de até 50 mil anos atrás.

Sob esse prisma, as pinturas rupestres e as HQs são similares no caráter investigativo da realidade e também na interpretação dos fatos. Em certo sentido, as inscrições encontradas nas cavernas não têm a complexidade narrativa de um elemento literário; contudo, fornecem um retrato vívido de um período histórico cujos registros são ínfimos e praticamente inacessíveis.

Quem defende essa relação afirma que os dois tipos de registro iconográfico demonstram a necessidade que o ser humano tem de criar uma representação gráfica de seu cotidiano, seja por meio de um retrato – como as pinturas rupestres e as fotografias que abundam na internet – ou mediante uma metaforização – tal qual as pinturas abstratas ou as HQs.

Partindo desse argumento e voltando à análise histórica, é possível dizer que a ascensão das HQs no começo do século XX reflete a necessidade de escape, haja vista que a Era de Ouro das HQs ocorreu justamente no período entreguerras, com *As aventuras de Tintim* – já citada – e o lançamento do *Super-homem* em 1938 – um ano antes que a Segunda Guerra Mundial estourasse. Criado por Jerry Siegel (1914-1996) e Joe Schster (1914-1992), *Super-homem* foi o primeiro grande sucesso entre os super-heróis, abrindo espaço para que, pouco tempo depois, outros nomes surgissem para fazer frente à sua vendagem. É interessante que, apesar do caráter popular desse herói, sua essência guardava uma relação bastante intrínseca com o conceito de super-homem criado pelo filósofo alemão Friedrich Nietzsche (1844-1900) e que abordava a ideia de um sujeito cujos poderes e a importância fariam o mundo curvar-se a suas vontades e a seus desígnios.

Simultaneamente ao fenômeno das HQs que se desenrolava nos Estados Unidos e na Europa, o cartunista japonês Osamu Tezuka (1928-1989) criava o Astro Boy, personagem que que caiu nas graças dos jovens nipônicos entre as décadas de 1950 e 1960, ao explorar as ideias de ficção científica e espaço sideral. O Astro Boy seria marcante também por popularizar a transposição dos personagens das HQs para a televisão e, posteriormente, para o cinema.

No Brasil, o primeiro trabalho no formato de histórias em quadrinhos data de 1869 e foi produzido pelo artista italiano Angelo Agostini (1843-1910). *As aventuras de Nhô Quim ou impressões de uma viagem à corte* (Figura 5.2) ganhou as páginas da revista *Vida Fluminense*, em 30 janeiro daquele ano, contando a experiência de um homem do campo que se muda para o Rio de Janeiro e se percebe confuso diante da indefinição do Brasil como um país rural ou urbano.

A repercussão do trabalho foi tanta que a história recebeu diversas continuações de outros artistas da época, e a data de sua publicação foi escolhida para celebrar o Dia Nacional do Quadrinho.

Figura 5.2 – Trecho de *As aventuras de Nhô Quim*

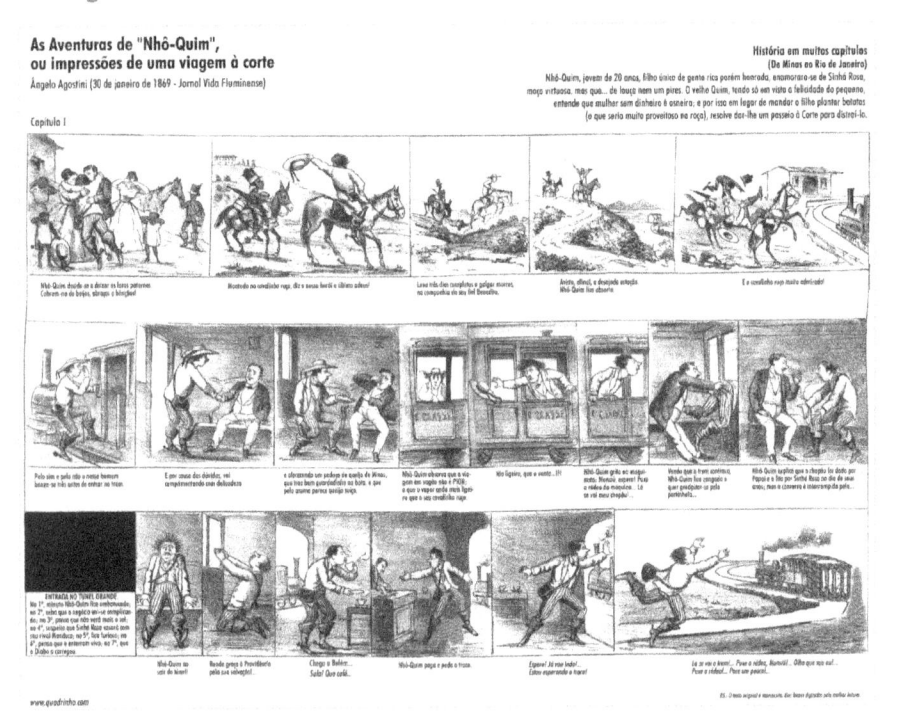

Fonte: Agostini, 2013, p. 45.

Ainda assim, somente no final da década de 1960 é que o Brasil ganhou uma série em quadrinhos capaz de fazer frente aos personagens estrangeiros. A *Turma da Mônica*, criada pelo cartunista Mauricio de Sousa, revelou-se rapidamente um sucesso.

Os primeiros personagens de Maurício de Sousa foram Bidu, um cão inspirado na raça Schnauzer miniatura, e Franjinha, menino que mais tarde faria parte das histórias de Mônica e Cebolinha. Nesse período as histórias eram publicadas no formato de tirinhas.

A migração para o formato revista já com a personagem Mônica em destaque aconteceu em 1970 pela Editora Abril. Em 1977, Pelé, que naquela década conquistou a Copa do Mundo do México, foi transformado em personagem. A estratégia, que a princípio gerou certa controvérsia, ajudou a expandir os negócios de Mauricio de Sousa e a consolidar a *Turma da Mônica* como representante legítimo do quadrinho nacional.

Diante desse cenário de aceitação do público brasileiro, os personagens tiveram seus direitos adquiridos em outros países, sendo publicados como *Mónica y su Pandilla* ou *Mónica y sus amigos* em países hispânicos; *Monica's gang* ou *Monica and friends* em países de língua inglesa; *La banda di Monica*, na Itália; *Fratz & Freunde*, na Alemanha; e *Monika dan kawan kawan*, na Indonésia.

No cenário latino-americano, o cartunista Quino (1932-2020) publicou na imprensa argentina, entre 1964 e 1973, as tiras da personagem Mafalda. Diferentemente da *Turma da Mônica*, *Mafalda*, apesar de ser criança, mostra-se preocupada com temas mais complexos e globais, tratando de questões como paz mundial, bem-estar social e a relação entre diferentes pessoas.

Quino, que deixou de desenhar a personagem tão logo suas aparições na imprensa acabaram, realizou pouquíssimas retomadas da garota. Em geral, autores anônimos se apropriam da personagem para colocá-la em debates sobre temas polêmicos ou mesmo da atualidade.

Em todo o mundo, diante do enorme sucesso que os personagens faziam nos jornais e semanários, as editoras e os autores notaram que se criava uma demanda para essas histórias. Não demorou para que as tirinhas mais vendidas migrassem para revistas e livros próprios. Novamente, Hergé e Tintim ajudaram a popularizar os *álbuns*, como eram chamadas as primeiras publicações que reuniam histórias de um personagem. Pouco depois, esses livros passaram a ser chamados de *comic books*, ganhando formato tabloide.

5.6
Folhetim

Gênero literário bastante comum nos séculos XVIII e XIX e no início do século XX, o folhetim se caracteriza pela narrativa em prosa e seriada. Os folhetins eram publicados em jornais de grande circulação e atraíam muita atenção do público. As histórias eram constituídas basicamente como um romance, porém, disponibilizado em partes e seguindo uma regularidade de veiculação.

Importantes obras da literatura brasileira foram publicadas no formato folhetinesco antes de ganhar as páginas dos livros. *Dom Casmurro*, de Machado de Assis, *Iracema*, de José de Alencar, e *Memórias de um sargento de milícias*, de Manuel Antônio de Almeida, são alguns exemplos. Recentemente, o professor, tradutor e escritor Caetano Galindo – que traduziu, entre outros clássicos, *Ulysses*, de James Joyce –, publicou *Lia*, um romance seriado em formato de folhetim.

Com a consolidação do rádio como mídia de massa, surgiram as radionovelas e, posteriormente, com o advento da televisão, as telenovelas, formatos que herdaram as características fundamentais do folhetim.

5.7
Tabloide

Os jornais apresentam, em sua maioria, três formatos de publicação, que variam de acordo com seu público e seu conteúdo.

1. **Tabloide**: Sem dúvida, esse é o mais conhecido por ter se tornado sinônimo de um jornalismo popular, principalmente no Reino Unido. Comporta notícias e histórias curtas, sem grande aprofundamento. No que se refere ao formato, o tabloide tem 280 mm × 430 mm.

2. *Berliner*: Dos três, talvez o menos popular no Brasil. O formato *berliner* é mais comum nos países europeus, sendo sinônimo de jornal em muitas regiões da Europa. Em alguns casos, até mesmo publicações que não estão nesse formato são assim denominadas. O seu tamanho é de 315 mm × 470 mm.

3. *Standard*: Durante muitos anos, foi o formato preferido dos jornais de grande circulação. Sua configuração permitia que fossem publicadas muitas páginas, formando um grande volume. Quando a venda de jornais impressos entrou em declínio, o formato perdeu espaço, pois tratava-se de uma produção mais cara, com mais notícias do que a maioria dos leitores conseguiria ler. As dimensões do formato *standard* são 600 mm × 750 mm.

Com a possibilidade de publicações em outros formatos que não os jornais, as histórias ganharam outros gêneros narrativos, como terror, ficção científica e até mesmo quadrinho erótico.

Diante das novas possibilidades que se apresentavam, surgiram muitas casas editoriais especializadas nessa modalidade de publicação, oferecendo títulos e diversos gêneros, o que contribuiu para a popularização das HQs.

Com essa massificação, os governos de diversos países observavam os *comic books* como uma ameaça à juventude. França e Estados Unidos foram os países que mais fortemente fiscalizaram os conteúdos produzidos e editados. Na década de 1960, foi criado pela Associação Norte-Americana de Revistas de Histórias em Quadrinhos um código de ética que passou a nortear as publicações e a oferecer um selo de qualidade às revistas que cumprissem os seus "mandamentos".

O *Code of Authority*, como foi chamado, recomendava:

Padrões gerais – Parte A
- Crimes nunca devem ser apresentados de modo a criar simpatia pelo criminoso, promover desconfiança das forças da lei e da justiça ou inspirar outos com o desejo de imitar criminosos.
- Nenhum quadrinho deve apresentar explicitamente os detalhes e os métodos de um crime.
- Policiais, juízes, oficiais do governo e de outras instituições respeitadas nunca devem ser descritos de modo a criar desrespeito por sua autoridade.

- Se o crime for retratado, deve sê-lo como uma atividade sórdida e desagradável.
- Um criminoso nunca deve ser apresentado de maneira prestigiosa ou em uma posição que crie o desejo de imitação.
- O bem deve vencer o mal em todos os aspectos, e os criminosos devem ser punidos por seus atos.
- Cenas com excessiva violência devem ser proibidas. Cenas com tortura brutal, facas, tiroteio excessivo e desnecessário, agonia física, crime hediondo e sangrento devem ser eliminadas.
- Métodos únicos ou incomuns de ocultação de armas não devem ser mostrados.

[...]

Padrões gerais – Parte B

- Nenhuma revista deve ter as palavras *horror* ou *terror* em seu título.
- Todas as cenas de horror, derramamento excessivo de sangue, crimes sangrentos ou hediondos, lascividade, depravação, sadismo, masoquismo não são permitidas.
- Todas as ilustrações lúgubres, desagradáveis e de mau gosto devem ser eliminadas.
- Histórias que lidam com o mal devem ser criadas e publicadas somente para ilustrar questões morais e jamais devem apresentar o mal como algo sedutor ou ferir a sensibilidade do leitor.

- Cenas com ou que tratam de zumbis, tortura, vampiros e vampirismo, fantasmas, canibalismo e licantropia são proibidas.

Padrões gerais – Parte C

[...]

- Palavrões, obscenidades, vulgaridades ou palavras e símbolos que tenham significado desagradáveis são proibidos.

[...]

- Nudez de qualquer forma é proibida, assim como exposição indecente ou indevida.
- Ilustrações obscenas e libidinosas ou poses e gestos sugestivos são inaceitáveis.

[...]

- Mulheres devem ser desenhadas de maneira realista e sem exagero nas qualidades físicas. [...]

[...]

- Relações sexuais ilícitas não devem ser sugeridas nem retratadas. Cenas de estupro, assim como anormalidades sexuais, são inaceitáveis.

[...]

- Sedução e estupro nunca devem ser mostrados ou sugeridos.
- Perversão sexual ou referência a ela são estritamente proibidas.

[...]

- Nudez como efeito de prostituição ou posturas obscenas não são permitidas em anúncio ou publicidade de qualquer produto; pessoas não devem estar vestidas com roupas ofensivas ou contrárias ao bom gosto ou à moral. (Nyberg, 1954, tradução nossa)

As restrições feitas por esse código afetaram algumas das mais importantes revistas de HQs da época, em especial a *MAD Magazine*, que publicava histórias de terror, horror e situações que se enquadravam nas proibições recém-listadas. Para burlar as sanções e se manter ativa, a *MAD* parou de ser publicada no formato clássico das revistas de HQs e mudou para o conhecido formato *magazine*, o mesmo em que as revistas semanais são publicadas. Com essa manobra, a *MAD* não precisava mais se enquadrar no *Code of Authority* e poderia continuar a levar às bancas o conteúdo que melhor lhe aprouvesse. A revista deixou de ser publicada fisicamente em dezembro de 2019. A edição brasileira circulou entre 1974 e 2017.

Outro fruto da restrição foi o surgimento dos quadrinhos *underground*. Robert Crumb (1943-) foi o primeiro desenhista *underground* a ganhar notoriedade, alcançando um público amplo e se consolidando como um dos mais importantes criadores de HQs em todo o mundo. Com o passar dos anos, o código perdeu importância, e muitos estúdios deixaram de vincular suas publicações ao selo.

Entre tantas mutações e atualizações, o código se tornou mais brando, aprovando, inclusive, histórias que continham descrições realistas de violência ou a apresentação de um anti-herói, algo que se transformou em um clichê da indústria de entretenimento. Nas décadas de 1980 e 1990, muitos produtores de HQs abandonaram a busca pela aprovação e criaram histórias com um apelo visual mais contundente e explícito.

A nova roupagem deu às HQs novo fôlego, fornecendo um farto material para que fosse explorado em outras mídias. Empresas como Marvel e DC Comics, as duas maiores do segmento, contam com divisões especiais para a criação de desdobramentos e adaptações das histórias para o cinema, por exemplo. Ambas as empresas emplacaram filmes com seus super-heróis conquistando as maiores bilheterias do cinema em todos os tempos.

5.8
Webcomics

Mesmo diante da nova dinâmica tecnológica – marcada pela comercialização de livros em formato digital e pela popularização do *streaming* para o consumo de filmes, séries e músicas –, o papel continuou sendo o suporte favorito para o consumo de histórias em quadrinhos. Isso não impediu, evidentemente, que surgissem as *webcomics*: tirinhas e HQs veiculadas exclusivamente na internet.

A *webcomic Cyanide & Happiness*, criada em 2004 pelo quarteto Kris Wilson, Rob DenBleyker, Matt Melvin e Dave McElfatrick, é uma das mais importantes em atuação na internet, sendo publicada em diversos países, entre eles o Brasil. Com seu humor ácido e seus comentários agudos, *Cyanide & Happiness* consegue ser plural e universal, atingindo pessoas de diversas partes do globo.

No cenário brasileiro, o cartunista Rafael Corrêa desenvolve um dos trabalhos mais consistentes e desafiadores no âmbito das *webcomics*. Diagnosticado com esclerose múltipla, o artista criou uma série chamada *Memórias de um esclerosado* para contar seu dia a dia. Abordando desde questões cotidianas, como levantar e tomar um café, até situações complexas, como a relação das pessoas com os portadores de esclerose, Corrêa desenvolveu um modo pessoal de se relacionar com a doença e criar um antidoto contra o preconceito e a desinformação.

Outro destaque brasileiro é o site *Um sábado qualquer*, que publica tirinhas diariamente. Seus personagens têm um olhar cínico sobre o mundo e os seres humanos, criando paralelos com dogmas religiosos e ideias filosóficas e outras áreas do conhecimento, como a psicanálise.

Em certa medida, é possível dizer que a *webcomic* ocupa um espaço que, possivelmente, veículos tradicionais de imprensa não ofereceriam. Por meio de um olhar mais democrático – e democratizador –, a internet possibilita que os artistas independentes – como analisaremos adiante – também possam produzir seus trabalhos e veiculá-los livremente.

5.9
HQs e literatura

Em meio aos mecanismos criados para contrapor as regras do *Code of Authority* e o nascimento da cena *underground*, os limites entre a literatura e as HQs foram se tornando mais tênues. Com enredos mais densos e elaborados, as *nouvelle vagues* de autores passaram a se distinguir do que era feito até aquele momento. Dessa empreitada, fortemente influenciada pelos romances pós-modernos e pelas imposições políticas, nasceram as *graphic novels*. Se as HQs eram um gênero que se valia amplamente do desenho para transmitir sua mensagem, as *graphic novels* – ou "romances gráficos", em uma tradução literal – são a simbiose entre a literatura e as HQs.

Nesse cenário, destaca-se Will Eisner (1917-2005), artista consagrado por retratar em suas "vinhetas" uma Nova York diferente daquela idealizada. Em seu livro *Nova York: a vida nas grandes cidades*, Eisner registra suas impressões acerca da megalópole em sua essência. De certa forma, ele foi um *flâneur*, um sujeito que andava pelas ruas a investigar – com a sensibilidade de um cronista urbano – o que havia de mais óbvio, mas que, devido ao caráter corriqueiro e, por vezes, banal, passava despercebido a muitas pessoas.

Ao mesmo tempo, Eisner criou um universo próprio, em que os caminhos dos personagens de diferentes histórias se cruzam – real e metaforicamente –, pois habitam o mesmo espaço. O autor conseguiu estabelecer uma dinâmica própria, usando, obviamente, diversos recursos comuns à literatura. Muitas obras de Eisner são contos – gênero literário caracterizado pela narrativa curta; estes costumam ser compilados em volumes maiores.

Outro nome importante para entender o movimento que deu origem às *graphic novels* é Art Spiegelman (1948-). Spiegelman usa seus trabalhos para relatar, de modo alegórico e metafórico, questões como a guerra, a barbárie e a desigualdade social. *Maus*, seu livro mais conhecido, é um conjunto de narrativas gráficas sobre a ascensão do nazismo e que foi fortemente influenciado pela história do autor, cuja família foi vítima do holocausto.

Em *Maus*, os judeus são ratos, e os nazistas são gatos. Os ratos são levados para Mauschwitz, um campo de extermínio aos moldes de Auschwitz. Nesse jogo de espelhos, Spiegelman cria uma série poderosa e devastadora sobre um dos períodos mais complexos da história. Tamanha foi a potência de *Maus* que, em 1991, o autor conseguiu que o livro figurasse na lista dos mais vendidos de não ficção do *The New York Times*, conforme exposto na passagem a seguir:

> Spiegelman mandou uma carta ao New York Times solicitando que *Maus* passasse a figurar na lista de best-sellers de Não Ficção. E não, como estava, na de Ficção. O *Times* respondeu: 'Vamos todos à casa do Spiegelman e só passamos para a lista de não ficção se um rato gigante atender a porta!' Provavelmente foram, pois o livro passou para a lista de Não Ficção. (Assis, 2016)

Curiosidade

Durante o período em que o partido nazista, uma associação de extrema direita, esteve no poder na Alemanha, foram construídas diversas áreas militares para o confinamento de prisioneiros. Essas áreas são chamadas de *campo de concentração* ou *campo de extermínio*.

Ao longo da Segunda Guerra Mundial, os campos de concentração foram usados para aprisionar judeus e outros povos considerados impuros pelo ideário nazista. Em geral, os prisioneiros eram colocados em um trem de carga – em viagens que poderiam levar dias – após serem desapropriados de suas casas e levados para guetos, em que muitas famílias habitavam uma mesma casa. O filme *O pianista*, de Roman Polanski, retrata o surgimento desses guetos e a movimentação do povo judeu até os campos de concentração.

Nos campos de concentração, os prisioneiros eram divididos – conforme suas atribuições físicas – para a realização de trabalhos forçados ou para que fossem assassinados nas câmaras de gás. Ainda que não fosse uma exclusividade dos anos de nazismo – haja vista o registro de instalações com essas caraterísticas em Cuba, no Brasil, nos Estados Unidos e em outros países –, foi durante a Segunda Grande Guerra que ficou amplamente conhecido como uma das mais bárbaras ferramentas de assassinato em massa.

....

Se Eisner poderia ser considerado um narrador-observador e Spiegelman um alegorista, Chris Ware, que citamos anteriormente, é articulador como poucos. Não bastasse *Jimmy Corrigan: o menino mais esperto do mundo*, Ware produziu uma das *graphic novels* mais complexas de todos os tempos: *Building stories*, publicada em 2012. Criado ao longo de uma década, o livro é, na realidade, a reunião de 14 trabalhos que dialogam entre si por meio de um universo em comum: um edifício. Através de janelas, portas, notícias de jornais e anúncios, Ware concebe uma narrativa intrincada e moderna, cujo formato pode ser comparado à obra-prima do escritor Julio Cortázar (1914-1984), *O jogo da amarelinha*, em que o leitor pode começar a leitura em qualquer capítulo ou pode seguir uma ordem preestabelecida pelo autor. Outras referências possíveis advêm das artes plásticas: *La boîte-en-valise*, obra de Marcel Duchamp (1887-1968), e as caixas criadas por Joseph Cornell (1903-1972).

Considerado um divisor de águas dentro do universo das *graphic novels*, *Building stories* explora a construção da narrativa por meio de diversas perspectivas, e esses caminhos diversos podem levar a observações complexas acerca da vida urbana. Existe, portanto, esse ponto de contato com a obra de Eisner, ainda que Ware não se pretenda como um cronista ou *flâuner*.

> A experiência verdadeira, espero, é que o leitor se sensibilize independentemente da maneira como ele entenda a história, seja como um livro sobre uma mulher nos anos solitários da juventude ou como uma história recordada pelo ego maternal de meia idade dela etc. Acho que não é diferente de como quando conhecemos alguém, nós juntamos fragmentos de ideias dos outros por meio de histórias e memórias que eles nos oferecem, mas nós nunca conhecemos a pessoa como um todo. Essencialmente, é um senso de empatia o que eu espero despertar no leitor, tanto pelos personagens no livro, e, além disso, por pessoas reais. E empatia é a habilidade mais importante que alguém pode aprender na vida, e uma das mais difíceis de manter e ajustar. É a razão pela qual temos linguagem e arte. (Vitral, 2013)

Mais um importante ponto de contato entre a literatura e as *graphic novels*: a série *Watchmen*, escrita por Alan Moore e desenhada por Dave Gibbons, tem a sua complexidade comparada à do escritor checo Franz Kafka (1883-1924). Assim como as obras máximas de Kafka, como *A metamorfose* e *O processo*, *Watchmen* também trata do mundo por meio de um olhar burocrático e frio, examinando as relações mediante a ausência de lógica e sentimentos.

Outro trabalho de Moore, desta vez com David Lloyd, *V de Vingança*, guarda semelhanças narrativas e de construção de enredo com *1984*, clássico distópico de George Orwell (1903-1950). Da mesma maneira que *1984*, o cenário descrito por Moore em seu romance gráfico coloca seus personagens em um estado totalitário e dominador, capaz de perseguir inimigos usando a tecnologia e a violência. Ironicamente, as duas obras, ainda que escritas décadas atrás, tratam de temas atuais, como as *fake news*, a intolerância ao diverso, a dificuldade de lidar com pensamentos divergentes – apenas para citar três exemplos.

A escritora, ilustradora e cineasta franco-iraniana Marjane Satrapi foi a primeira mulher no Irã a publicar uma HQ. Seu trabalho de estreia, *Persépolis*, lançado no ano 2000, é até hoje um dos mais importantes já produzidos. De caráter fortemente autobiográfico, o livro é um retrato da infância da protagonista durante a Revolução Islâmica, em 1979.

Intercalando fatos históricos, relatos pessoais e criações ficcionais, Satrapi faz da jornada de sua protagonista uma obra única, cuja construção pode ser comparada aos escritores existencialistas, como Albert Camus (1913-1960) e Jean-Paul Sartre (1905-1980). O desenho de Satrapi, que se caracteriza pela predominância de cores escuras, é um elemento fundamental para a criação de espaços narrativos de confinamento e, ao mesmo tempo, de um vazio extremo. Da mesma maneira que a obra de Allan Moore, *Persépolis* também dialoga com o trabalho de Kafka, chegando inclusive a emular a construção narrativa sombria e de tensão que percorre toda a obra do checo.

Durante as eleições iranianas de 2009, Satrapi autorizou uma "versão atualizada" de sua obra, que passou a se chamar *Persépolis 2.0*. Publicada como *webcomic*, a história teve seu texto modificado por dois artistas iranianos residentes na China, que propuseram um novo contexto para o livro. A partir dessa ressignificação, a história de Satrapi novamente atraiu atenções para a situação no Irã e seu contexto histórico desde o final da década de 1970.

Para Satrapi (2007), os quadrinhos eram o único caminho possível para retratar a sociedade de seu país. Segundo a autora, ainda que sua história pessoal perpasse não apenas o Irã, mas também outros países em que morou, sua natureza está intimamente ligada à história iraniana. Nesse sentido, *Persépolis* é, antes de tudo, uma investigação pessoal, uma maneira de encontrar a si própria através da arte.

Em uma análise fria, percebemos que a literatura e as HQs podem coabitar um mesmo patamar literário e, inclusive, complementar-se como partes de um mesmo universo. A recente revalorização dessa linguagem e a disseminação da cultura *geek* têm permitido uma expansão considerável das histórias em quadrinhos. Nessa perspectiva, de acordo com Satrapi (2007):

> Acredito que, se um país tem sua cultura de base muito bem fundamentada, ele pode se abrir para o que de melhor há nas outras culturas sem perder a sua. Acho que é um balanço de

tudo. Eu estudei em uma escola francesa a vida toda, mas jamais deixei de ser iraniana. Eu ainda sinto muita saudade de casa. Moro em Paris, mas, como minha avó me dizia, procuro nunca perder minha integridade.

A prova desse novo cenário, que ganha força ano a ano, é a criação de selos editoriais exclusivos para quadrinhos, em grandes editoras como o Quadrinhos na Cia, pertencente à Companhia das Letras – o maior grupo editorial brasileiro –, o Pixel, da Ediouro, ou o selo Nemo, da Editora Autêntica, reconhecida por suas publicações nas áreas da alta literatura, sociologia e filosofia.

Já a L&PM, conhecida por seus livros de bolso, mantém um selo para a publicação de mangás, em geral adaptações de obras clássicas e em domínio público. Nesse caso, a iniciativa é importante não apenas para disseminar as HQs, mas para facilitar o acesso ao mangá e, claro, não raras vezes, representar o primeiro contato do leitor com um gênero fundamental da literatura universal.

No sentido contrário, a maior demanda por quadrinhos no Brasil tem um efeito parecido àquele vivenciado nos anos 1950 e 1960 nos Estados Unidos: o surgimento de editoras independentes dedicadas à publicação de *graphic novels*. As publicações desvinculadas de grandes grupos editoriais seguem temáticas mais livres e oferecem aos autores mais liberdade durante o processo de criação. Selos como Barricada, Pipoca e Nanquim, Risco e Pulp são destaque no cenário brasileiro.

5.10
Jornalismo e HQs

Pode parecer destoante, mas as HQs e o jornalismo têm realizado um importante trabalho de produção documentarista. Essa modalidade ficou conhecida como *comics journalism* ou *jornalismo em quadrinhos*. Em um cenário amplo e global, o nome mais importante dessa vertente é, sem dúvidas, Joe Sacco, já citado nesta obra. Conhecido por seu trabalho em áreas de conflitos bélicos, Sacco escreveu dois dos mais importantes relatos produzidos nesse formato: *Palestina*, publicado em 1996, que trata da sua experiência na Cisjordânia e na Faixa de Gaza, entre 1991 e 1992; e *Notas de Gaza*, lançado em 2009, que retrata os conflitos entre palestinos e israelenses a partir de dois incidentes que, de acordo com o próprio autor, ficaram relegados às notas de rodapé ao se falar de Gaza.

O conflito entre Israel e Palestina – isto é, judeus e muçulmanos – é um dos mais tensos de toda a história mundial. Ele se arrasta desde o movimento sionista judeu e que acabou, em meados do século XIX, levando muitos judeus a imigrarem para as terras palestinas.

Essa área é reunificada pelos israelenses por ter sido ocupada por eles até a diáspora, datada do século III a.C., quando o Império Romano os expulsou. Desse momento em diante, a comunidade judaica se espalhou pelo mundo. Em 1947, a Organização das Nações Unidas (ONU) promoveu um Estado duplo em que os dois povos poderiam habitar; entretanto, a capital, Jerusalém, seria um território internacional controlado pela própria ONU.

Após esse acordo, Israel declarou independência da Palestina e começou o processo de separação. Diversos grupos foram criados na região, contra e a favor do movimento separatista, sendo o mais famoso a Organização para Libertação da Palestina (OLP), que tinha como líder Yasser Arafat (1929-2004).

No decorrer dos anos, diversos conflitos estouraram na região, sendo os mais importantes a Guerra dos Seis Dias (1967), a Guerra do Yom Kippur (1973) e a Primeira Intifada (1987-1993). No ano 2000, com a Segunda Intifada, iniciou-se outro momento de tensão na região, e uma das consequências desse novo momento foi a construção do Muro da Cisjordânia, em 2002.

Outra importante obra que funde jornalismo e quadrinhos é a trilogia *O fotógrafo*, publicada por Didier Lefèvre, Emmanuel Guibert e Frédéric Lemercier. A série, que narra os conflitos no Afeganistão, em 1986, a partir da perspectiva de Lefèvre, que trabalhou na região como fotógrafo pela ONG Médicos Sem Fronteiras, é ainda mais inovadora, ao misturar fotografias e quadrinhos. Nessa simbiose tripla – jornalismo, HQs e fotografia –, Lefèvre, Guibert e Lemercier criam um retrato múltiplo e bastante realista da situação. Como nos livro-reportagens do jornalismo literário, não há espaço para a ficcionalização dos fatos, partindo da premissa de que a obra é, antes de tudo, um documento que retrata com fidelidade os acontecimentos narrados.

Em *Refugiados: a última fronteira*, de 2018, a cartunista e ativista Kate Evans conta sua experiência como voluntária em um campo não oficial de refugiados na Selva de Calais, na França. Em sua maioria, as pessoas que estavam no local eram imigrantes sírios e iranianos que tentavam entrar no Reino Unido. Afetada pelo contexto – em que pessoas se amontoam em cabanas –, Evans constrói uma narrativa que mistura a própria experiência com as situações vivenciadas pelos refugiados que sobrevivem da forma que conseguem na região. Nesse cenário, ora caótico, ora comovente, a autora investiga sua relação com o mundo. Afirma Evans:

> Foi humilhante para mim conhecer pessoas de países da África e do Oriente Médio destruídos pela guerra e fome que mostraram tanta generosidade e rapidamente compartilharam o pouco que tinham comigo. [...] Não encontrei monstros, terroristas, selvagens, invasores, parasitas ou loucos. Encontrei pessoas. (IstoÉ, 2018)

Novamente, o paralelo entre o jornalismo literário e o jornalismo em quadrinhos é, praticamente, inevitável. O retrato proposto por Kate Evans é muito parecido ao composto por Svetlana Aleksiévitch, Prêmio Nobel de Literatura em 2015, principalmente nos livros *Vozes de Tchernóbil* e *As últimas testemunhas*. Ambas as escritoras se dedicam a investigar conflitos e suas consequências para os envolvidos.

Em todo o mundo, revistas *on-line* destinadas ao jornalismo em quadrinhos têm ganhado destaque entre as publicações independentes. Na Itália, a revista *Mamma* publica reportagens em formato HQ, trabalhos de fotojornalismo e cartuns. Na França, o destaque é a revista *La Revue Dessinée*, publicada desde 2013 pela Éditions du Seuil, um dos grupos editoriais mais importantes do país. Nos Estados Unidos, o *site* The Nib, lançado em setembro de 2013, dedica-se à publicação de HQs de não ficção; a página foi indicada ao Prêmio Will Eisner, em 2017, um dos mais importantes no universo das HQs.

No contexto nacional, o jornalismo em quadrinhos ainda não tem o mesmo espaço que no exterior. Entre os trabalhos mais relevantes do gênero está *Raul*, publicado pelo jornalista Alexandre de Maio, que conta a vida de um *rapper* em ascensão, mas que teve a carreira destruída após ser acusado de cometer golpes de estelionato.

Ainda que esse não seja o primeiro trabalho do artista – que ganhou o Prêmio Tim Lopes de Jornalismo Investigativo com *Meninas em jogo*, em parceria com Andrea Dip –, *Raul* consegue colocar no papel temas tipicamente brasileiros, em uma linguagem relativamente inovadora do jornalismo tupiniquim.

Distante dos grandes veículos de comunicação, o jornalismo em quadrinhos encontrou espaço na mídia alternativa. Um dos representantes mais importantes dessa categoria é a agência de jornalismo Agência Pública, fundada por repórteres mulheres em 2011, e que se tornou a célula de jornalismo investigativo sem fins lucrativos.

Entre 2014 e 2017, a Agência Pública foi um dos celeiros para a veiculação desse tipo de jornalismo, produzindo conteúdo próprio e reproduzindo, sob a licença Creative Commons, materiais de outros veículos e jornalistas. Um dos trabalhos mais emblemáticos distribuídos pela Pública foi a HQ *A execução de Ricardo* (Nobru; Barros; Falas, 2017) (Figura 5.3), que tem como evento disparador o assassinato do carroceiro Ricardo Silva, de 39 anos, morto em uma ação da Polícia Militar, em julho de 2017.

Figura 5.3 – Trecho de *A execução de Ricardo*

Ricardo se exaltava quando via policiais e seguranças. Seus colegas carroceiros atribuem esse comportamento a episódios de violência anteriores. O mais marcante ocorreu nos arredores da Escola Estadual Fernão Dias Paes, quando Ricardo teve seus pertences incendiados por membros da Guarda Civil Metropolitana.

O soldado Madalhano deu três tiros em Ricardo: dois no peito e um na cabeça. Testemunhas presenciaram a ação e algumas filmaram o episódio. Gilvan Artur Leal, morador de rua conhecido como "Piauí", foi uma das testemunhas. Ele disse ter sido agredido e ameaçado pelos PMs após os disparos em Ricardo. O policial afirmou que "para se defender, foi obrigado a atirar" em Ricardo.

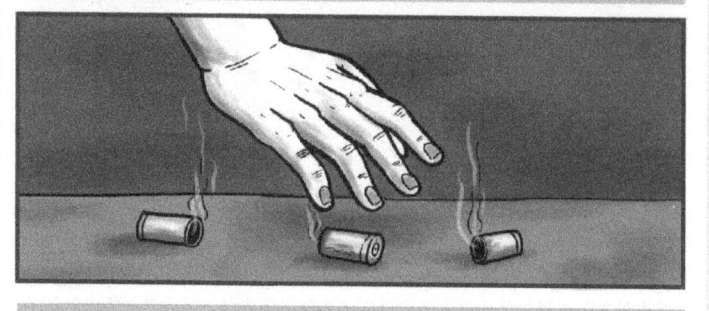

Relatos dão conta de que a cena do crime foi alterada. "Ficou claro que os policiais mexeram descaradamente na cena do crime", afirma o ouvidor das Polícias, Júlio César Fernandes Neves, que visitou o local logo após a morte.

Fonte: Nobru; Barros; Falas, 2017.

Para além da construção do conteúdo – que envolve questões bastante práticas do jornalismo, como a apuração e a criação da história –, a HQ fez uso de uma narrativa elaborada lançando mão de uma técnica literária chamada *in medias res*, a qual consiste em contar a história de maneira não cronológica, a partir de determinado ponto, que pode ser considerado o meio da narrativa. Nesse sentido, podemos dizer que *A execução de Ricardo*, além de combinar jornalismo e HQs, tece uma narrativa de teor literário e muito intrincada.

Outro exemplo de *comics journalism* nacional é a HQ *A história de Jaílson, um operário da Copa* (Figura 5.4), também publicada pela Agência Pública. No relato, os jornalistas apuram a ambiguidade na vida de um operário que mora na região do Itaquerão, em São Paulo, e que, com a conclusão da obra, será removido de sua própria casa para dar lugar às instalações do estádio.

Jornalismo e cultura da convergência

Figura 5.4 – Trecho da HQ *A história de Jaílson, um operário da Copa*

Fonte: Barros; Maia, 2014.

∴ Elementos do *comics journalism*

O jornalismo em quadrinhos guarda muitas semelhanças com o jornalismo literário no que concerne à construção narrativa. Ambos permitem apropriações e aproximações entre o noticiário e outros campos das artes, possibilitando um maior aprofundamento do tempo mediante figuras de linguagem, escolha do narrador e técnicas narrativas – como o *in media res*, citado há pouco.

Entretanto, o *comics journalism* tem suas particularidades, já que extrapola a linguagem escrita. Deve estar claro que nem sempre o jornalista é o responsável pela confecção das artes e ilustrações da HQ. Nesse caso, são criadas equipes, em que as tarefas são definidas e divididas conforme as atribuições de cada profissional.

São inerentes à criação de conteúdos do gênero, as seguintes etapas:

- Apuração: Deve ser realizada por um jornalista e com acurácia ainda maior do que a demandada na construção de um conteúdo factual.
- Criação de roteiro: Após a apuração, cria-se um roteiro em que são escolhidos os pontos a serem abordados na HQ. Nesse aspecto, leva-se em consideração a lógica jornalística do conteúdo noticioso; entretanto, é preciso pensar em elementos que disponham também de maior apelo tendo em vista a linguagem gráfica. Em geral, o *comics journalism* busca cenas que tratem de abordagens emocionais e de maior impacto. Nessa etapa, portanto, são definidas as cenas e os diálogos dos personagens. Aqui há a ressalva de que, por se tratar de não ficção, o diálogo deve ter sido capturado pelo jornalista.

- **Criação de *storyboard***: Com a seleção das cenas e a estruturação do diálogo, são realizados os primeiros estudos gráficos do projeto, isto é, o *storyboard*. Nesse ponto, é definida a estética da HQ. Esse elemento é fundamental para a formatação da história e a elaboração da dinâmica em que os fatos serão contados.
- **Desenvolvimento e produção**: Depois da aprovação do *storyboard*, é produzida a história em si. De acordo com predefinições, a história ganha uma forma definitiva. Nessa etapa, são inseridos também os diálogos e os demais elementos escolhidos para compor a narrativa.
- **Arte final**: Trata-se, como podemos afirmar, do acabamento artístico da HQ. Nessa fase são realizados os últimos retoques, tendo como objetivo a impressão ou publicação *on-line*.

A produção de uma HQ segue as mesmas etapas recém-descritas, à exceção, é claro, da apuração – que fica restrita ao registro jornalístico.

Criar uma HQ exige habilidades específicas, mas também pode ser um convite à descoberta de uma nova arte. Pensando no caráter educativo das HQs, é possível encontrar na internet diversas ferramentas que auxiliam na construção de *storytellings* e na composição de histórias autorais e inéditas. A seguir, listamos algumas opções.

- *Pencil*: Ferramenta que permite desenhar à mão, em 2D, em estilo cartum. Tem forte apelo educacional.
- *Stripcreator*: Ferramenta que permite criar HQs curtas, com até três quadros.

- *TooDoo*: Utilizando composições preestabelecidas com cenários e personagens, o usuário pode criar histórias variadas. A ferramenta é interessante por permitir a inclusão de fotografias.
- *Pixton*: Parecido com o *TooDoo*, esse *site* permite a criação de histórias com elementos preconfigurados na ferramenta.
- *Create your own comic*: Com personagens clássicos do universo dos quadrinhos, o *site* convida o usuário a protagonizar uma narrativa de super-herói. Diferencia-se dos demais por estar vinculado a um estúdio.
- *ReadWriteThink*: Com base em *templates*, o usuário pode criar HQs variadas, com um toque pessoal e bastante iconográfico.
- *GoAnimate:* Ferramenta intuitiva que permite a criação de animações a partir de configurações do próprio *site*.

Ainda que os programas e *sites* citados tenham um caráter muito mais didático e pedagógico, são uma importante instrumentalização das HQs, como apropriação cultural.

Nesse sentido, imaginar as HQs como elementos desconectados dos ambientes culturais e sociais se revela um equívoco. Por isso, não é exagero afirmar que o processo de educação e letramento é uma engrenagem complexa de socialização e inclusão.

Síntese

O percurso das HQs ao longo da história remonta, basicamente, a três momentos distintos. O primeiro apresenta essa linguagem artística como uma estratégia de crítica social que se contrapõe ao jornalismo e sua abordagem mais séria, centrada em fatos e distante de opiniões. Como explicitamos ao longo deste capítulo, os quadrinistas pioneiros buscaram, adotando um olhar bastante ousado, retratar aquilo que, de alguma maneira, incomodava-os.

Posteriormente, as HQs se transformaram em um instrumento da indústria cultural, abandonando seu caráter combativo e crítico ou deixando esses vieses em segundo plano. Nesse momento, elas passaram a apresentar super-heróis e outros personagens distantes do homem médio (Ingenieros, 2011) para apresentar seres fantásticos, dotados de poderes e capacidades impensáveis à natureza humana. Nessa fase, as HQs foram como peças de entretenimento e escapismo, algo que perdurou dos anos 1940 até os anos 1980 (Campos, 2015). Esse cenário só mudou quando o *Code of Authority* começou a ser abandonado pelos estúdios, e os roteiros procuraram tratar de questões anteriormente consideradas tabus. Com essa ruptura, as HQs, sem abandonar seus personagens super-humanos, passaram a abordar temas raciais, de gênero, envolvendo política e tantas outras questões sensíveis.

Questões para revisão

1. De que maneira o *Code Authority* moldou as HQs?

2. Segundo Hall (2011), quais são os três elementos em que está alicerçada a identidade estática?

3. Quais são os formatos possíveis de um jornal impresso?
    a) Tabloide, *berliner* e *off-set*.
    b) *Berliner*, *tabloide* e pólen.

c) *Berliner, londoner* e *new yorker.*
  d) Tabloide, *berliner* e *standard.*
  e) *Off-set*, RGB e CMYK.

4. Assinale a alternativa que lista os três elementos-chave da cultura de convergência segundo Jenkins (2009), os quais podem ser identificados no filme *A bruxa de Blair.*
   a) Interação com o usuário, cultura participativa e cultura de hibridismo social.
   b) Convergência dos meios de comunicação, interação com o usuário e inteligência coletiva.
   c) Convergência dos meios de comunicação, cultura participativa e inteligência coletiva.
   d) Cultura participativa, identidade híbrida e tecnologia das coisas.
   e) Estratégia crossmídia, identidade estática e convergência dos meios de comunicação.

5. Sobre a narrativa transmídia, assinale a opção correta:
   a) Consiste em uma única plataforma, incapaz de se comunicar com outras modalidades ou meios de comunicação.
   b) Permite que, graças às diferentes plataformas que dão corpo a um sistema, sejam transmitidos conteúdos que dialogam entre si e criam uma rede de transmissão de informação.
   c) A narrativa transmídia tem sido estudada, entretanto, ainda não pode ser colocada em prática por sua complexidade operacional.

d) É um modelo ultrapassado de informação e deixou de ser utilizado com a democratização da internet.

e) Trata-se de uma estratégia obsoleta, pois não proporciona experiências complexas e inovadoras como demandam os usuários da contemporaneidade, especialmente os da geração Z.

Questões para reflexão

1. Como o *Big Data* atua na construção e definição de perfis de usuários e clientes?

2. Quais são os elementos inerentes à criação de um conteúdo em *comics journalism*?

Capítulo
06

*S*torytelling na rede

Conteúdos do capítulo

- Uso do *storytelling* ao longo da história.
- Jornalismo literário e *storytelling*.
- Técnicas de TED e Pecha Kucha.
- Importância da linguagem não verbal.

Após o estudo deste capítulo, você será capaz de:

1. listar os elementos do *storytelling*;
2. construir uma apresentação a partir da criação de linhas narrativas;
3. usar técnicas de comunicação não verbal durante apresentações públicas.

6.1
Storytelling: a arte da narrativa

A alta exposição à informação, o grande volume de dados e mensagens recebidas e a veiculação, praticamente, ininterrupta de notícias mudou – como temos comentado ao londo desta obra – a relação do público com o jornalismo e o consumo de narrativas. A informação pura e simples – descontextualizada ou desarticulada do cotidiano – não atrai interesse do homem médio. É necessário, antes de tudo, humanizar as situações, complexas ou não, criando vínculos entre o sujeito e a informação. Esse fenômeno se deve a algo bastante elementar: histórias geram engajamento, pertencimento e identificação. E a maneira mais eficiente de estabelecer tais laços é por meio de técnicas de contação de histórias, chamadas *storytelling*.

Ainda que pareça um conceito novo, o *storytelling* está enraizado na natureza humana e se associa à necessidade de criar explicações para tudo o que, à primeira vista, pode parecer inexplicável.

Por isso, não é exagero afirmar que o *storytelling* está intimamente ligado às formas como a humanidade, em diferentes momentos históricos, interpreta o passado, o presente e o futuro.

Inicialmente transmitidas por meio da oralidade, ao largo dos anos essas histórias passaram a ser registradas pela escrita, conforme expusemos no Capítulo 1. Posteriormente, com o advento da imprensa, ampliou-se seu alcance (Briggs; Burke, 2006).

As técnicas de contação de histórias que abordaremos adiante foram fundamentais para o desenvolvimento da mitologia que deu alicerce cultural, religioso e social às sociedades clássicas, como a grega e a romana, embora a narrativa mitológica também faça parte da cultura de outros povos, como nórdicos e celtas.

A oralidade na contação de histórias foi de grande relevância para que duas das mais importantes narrativas – consideradas as precursoras do modelo usado até hoje – fossem compostas. *Ilíada* e *Odisseia*, poemas épicos atribuídos a Homero, estabeleceram – como será abordado adiante – os padrões narrativos fundamentais para a maioria das histórias e estão presentes na literatura, no cinema, na publicidade e em tantos outros meios.

6.2
Ilíada e Odisseia

Ilíada e *Odisseia*, poemas épicos de Homero, são qualificados como os mais importantes textos clássicos da Grécia Antiga. *Ilíada* trata dos acontecimentos do décimo ano da Guerra de Troia, que, de acordo com o autor, teria sido motivada pelo rapto da Rainha Helena – esposa do Rei Menelau, governante de Esparta – por Páris – filho do Rei Príamo, de Troia – que havia se apaixonado pela monarca durante viagem diplomática à cidade. Durante a fuga, Helena abandona Hermione, filha que teve com Menelau e que tinha somente 9 anos de idade.

De acordo com Homero, Menelau, furioso, conclamou seu irmão, Agamenão, rei de Micenas, para formarem um poderoso exército com o objetivo de invadir Troia. Menelau enviou mais de mil navios que, nas águas do Mar Egeu, deram corpo a uma das mais importantes batalhas de todos os tempos.

Já em *Odisseia*, continuação de *Ilíada*, Homero conta a história de Odisseu, cidadão de Ítaca que, contra sua vontade, é enviado para guerrear em Troia. O narrador Telêmaco, filho do herói, narra as aventuras do pai, que tenta voltar para casa após uma década. Odisseu enfrenta ciclopes, sereias e outros seres mitológicos nessa jornada.

Enquanto Odisseu está fora de casa, Penélope, sua esposa, é cortejada por 108 pretendentes que tentam fazê-la acreditar que o marido está morto. Quando regressa, Odisseu, com a ajuda de Telêmaco, à época com 20 anos, mata todos os pretendentes da esposa, gerando uma onda de fúria na cidade, que quer vingar as mortes dos 108 homens e também dos marinheiros que estavam com Odisseu.

Para impedir um novo conflito, a deusa Atena convence os dois lados a abandonarem os planos de vingança, e a paz volta a reinar em Ítaca.

A importância adquirida pelos textos atribuídos a Homero pode ser explicada por aquilo que o filósofo francês Michel Foucault (2010) chama de *análise do discurso*. Segundo o pensador, a questão da autoria cai por terra no exato momento em que a narrativa é transmitida. Em outras palavras, quando o indivíduo que de início apenas recebia a mensagem a transmite, transforma-se ele também em um emissor – portanto, é também um autor. O mesmo acontece com aqueles que são impactados a partir do relato do primeiro receptor, e assim por diante.

Homero deu início a uma técnica de *storytelling* chamada de *jornada do herói*, imortalizada por Joseph Campbell no livro *O herói de mil faces*. Para Campbell (1989), são dez os passos que caracterizam uma história cujo enredo se centra na formação de um herói:

1. **Chamado à aventura**: Nesse primeiro passo, o herói é colocado diante de um conflito cuja resolução depende unicamente dele. Nesse desafio, são impostas experiências novas e com as quais o herói acredita ser incapaz de lidar.
2. **Recusa do chamado**: Diante do desafio, o herói opta pela recusa, preferindo, por exemplo, manter-se afastado do conflito. Esse desejo de inércia é inerente ao ser humano e representa, entre outras coisas, o medo da mudança.
3. **Encontro com o mentor**: Nesse ponto, o herói, até então relutante quanto a seu destino, encontra uma figura-chave que o coloca, finalmente, na rota para se transformar em herói.
4. **Travessia do primeiro limiar**: Esse é o ponto de ruptura entre o mundo comum e a trajetória heroica que se constrói a partir desse momento.
5. **Barriga de baleia**: Trata-se de uma alusão ao personagem bíblico Jonas, que acaba dentro de uma baleia; nesse ponto, o herói se arrepende de ter aceito o desafio.
6. **Estrada de provas**: É o momento da história em que o herói encontra aliados capazes de ajudá-lo em sua jornada, mas é também quando erra e aprende com suas falhas.

7. **Encontro com a deusa**: Apesar da referência metafísica – e que tem origem no primórdio das narrativas, em que o tal encontro era mesmo com uma deusa –, esse ponto é uma metáfora para uma descoberta importante ou a aquisição de habilidades para vencer o desafio.
8. **A mulher como tentação**: Nesse ponto da história, o herói – ou "alma-herói", como Campbell (1989) menciona – se vê tentado, em geral, como consequência dos poderes e habilidades adquiridos. Nesse ponto, ele é afetado por sua vaidade ou mesmo por sua falta de naturalidade para lidar com a nova realidade.
9. **Sintonia com o pai**: Remete à aceitação da própria natureza. Ora, após ser tentado, o herói se volta para si – e para os seus – para entender seu destino e concluir a missão que lhe foi conferida.
10. **Apoteose**: É quando, depois de ter se "alimentado" de todos os passos anteriores, ter entendido sua missão e ter cumprido seu dever, o herói consegue, por fim, encerrar seu percurso. Pode ser vencer o antagonista, conquistar um reino ou qualquer que seja seu objetivo.

Entretanto, a estrutura pensada por Campbell não é o único modelo para se contar uma história. Syd Field (1935-2013), roteirista e escritor norte-americano, também identificou uma estrutura que daria forma às grandes histórias.

Nessa estrutura podem ser incluídos os dez passos da jornada do herói, mas funciona também como fenômeno autônomo, aplicável a histórias que, por assim dizer, não se encaixam no modelo proposto por Campbell por não seguirem a temática de formação heroica.

Adiante, porém, analisaremos como é possível criar uma simbiose entre essas duas modalidades de contação de história. Por enquanto, detalharemos a segunda proposta de estrutura narrativa.

Para Field (1995), uma história, para ser contada, precisa apresentar três elementos fundamentais:

1. **Contexto**: É a apresentação de personagens, cenários e demais informações que são importantes para que o leitor compreenda os elementos centrais da narrativa.
2. **Conflito**: Articulando os pontos apresentados no contexto, a trama precisa criar situações que gerem conflitos e ambiguidades e que proporcionem um desafio a ser superado pelos personagens. Nesse ponto, geralmente, são criados indicativos de caminhos a serem seguidos à guisa de "enganar" o espectador, criando a sensação de surpresa, suspense, tensão ou mesmo alívio na última parte.
3. **Resolução**: O fechamento da narrativa acontece quando o conflito é resolvido, ou seja, os pontos abertos nos tópicos anteriores devem, obrigatoriamente, se conectar com a resolução. Ainda que muitas vezes seja algo pouco óbvio, a resolução deve estar inserida ao longo da trama. Muitas narrativas usam o recurso *deus ex machina* para oferecer um encerramento para a trama. Entrementes, esse recurso é mais complexo e, não raras vezes, pode parecer desconectado ou inverossímil.

Curiosidade

A expressão *deus ex machina* significa "deus surgido da máquina" e se refere a um recurso dramatúrgico criado para o teatro grego, que consistia na descida de um deus para dar uma solução final e arbitrária em determinada cena.

O modelo de *deus ex machina*, entretanto, não ficou restrito ao teatro grego clássico. Passou a ser usado por teatrólogos como William Shakespeare (1564-1616) e Moilère (1622-1673) e, claro, mais tarde no cinema. Filmes como *O resgate do Soldado Ryan* – quando o personagem do capitão John Miller Jr. é salvo da morte depois que os norte-americanos iniciam um bombardeio e atingem o tanque alemão que iria alvejá-lo – ou *A guerra dos mundos* – quando uma bactéria determina o fim do ataque alienígena na Terra – são exemplos do uso do recurso de *deus ex machina* na sétima arte.

Certamente, é possível pensar em exemplos de histórias – filmes, novelas, livros e séries – que se encaixam em um ou nos dois modelos de estrutura apresentados. Obviamente, existem outros percursos possíveis, porém, esses são os dois mais comuns. Outro ponto interessante é a possibilidade de articulá-los em uma única estrutura com subtramas. Vale, então, esclarecer como o modelo de Campbell pode entrar em simbiose com a estrutura de Syd Field (1995):

- **Contexto**:
    - chamado à aventura;
    - recusa do chamado;
    - encontro com o mentor;
- **Conflito**:
    - travessia do primeiro limiar;
    - barriga de baleia;
    - estrada de provas;
    - encontro com a deusa;
    - a mulher como tentação;
- **Resolução**:
    - sintonia com o pai;
    - apoteose.

Ao combinarmos os modelos, notamos que o conflito é, justamente, o elemento majoritário na narrativa. No entanto, o público só avança para o segundo ponto quando encontra identificação no contexto. Logo, é de extrema importância construir contextos verossímeis com o universo proposto.

Tudo o que está na narrativa tem de ser possível de acontecer dentro dela. O conflito é, portanto, uma consequência do engajamento do público, e é nessa parte da narrativa que o herói, além de se desenvolver como tal, torna-se o elemento que ativa o processo de identificação. A narrativa pós-moderna não exige mais um herói sem falhas. Ao contrário, a figura do anti-herói se consolidou como uma das preferidas do público médio. Isso exige, no entanto, desvencilhar-se de clichês.

Nesse sentido, como é perceptível, o *storytelling* é um ferramental que se vale da tradição, isto é, organiza técnicas utilizadas ao longo dos anos e as condensa de modo a priorizar as mais comuns e eficazes. Para Kant (2016), o discurso é o veículo para a universalização das normais morais. Sob esse prisma, o processo de câmbio não acontece jamais de maneira unilateral e individual, mas somente a partir do momento em que o discurso ganha corpo social. O discurso é, assim, um elemento de inclusão – ou exclusão, a depender do propósito. Nesse sentido, é uma premissa básica entender que toda história deve buscar uma conexão com o outro, falar-lhe a partir do desejo.

Foucault (2010, p. 10) clarifica essa ideia:

> o discurso – como a psicanálise nos mostra – não é simplesmente aquilo que manifesta (ou oculta) o desejo; é, também, aquilo que é o objeto do desejo; e visto que – isto a história não cessa de nos ensinar – o discurso não é simplesmente aquilo que traduz as lutas ou os sistemas de dominação, mas aquilo por que, pelo que se luta, ou o poder do qual queremos nos apoderar.

Podemos depreender, portanto, que o **discurso** é, antes e acima de tudo, **poder**. A dominância da narrativa é, entre outras coisas, parte do sobrepujamento de culturas e povos. Um exemplo prático: não faz muito tempo, as histórias das antigas colônias europeias – como o Brasil – eram contadas somente do ponto de vista dos colonizadores, desprezando-se os cidadãos originais dessas terras.

Por isso, nos últimos anos, tem se manifestado um esforço para recontar essa narrativa da perspectiva daqueles que foram colonizados. Também tem sido evidenciado como essa relação social e culturalmente predatória serviu para a disseminação de ideias equivocadas e descontextualizadas.

De acordo com Foucault (2010, p. 43), "a doutrina liga os indivíduos a certos tipos de enunciação e lhes proíbe, consequentemente, todos os outros; mas ela se serve, em contrapartida, de certos tipos de enunciação para ligar indivíduos entre si e diferenciá-los, por isso mesmo, de todos os outros".

Em suma, o discurso é um instrumento cuja capacidade de aproximação e segregação é intrínseca, cabendo a quem o constrói optar sempre pelo primeiro, haja vista o caráter aglutinador da comunicação de massa.

6.3
Storytelling e jornalismo literário

Como já relatamos em outros pontos desta obra, o jornalismo literário representou uma importante ruptura com o jornalismo convencional, explorando os fatos de maneira mais minuciosa e com detalhes que, comumente, não seriam contemplados nas notícias.

Quando Capote foi ao Kansas visitar a fazenda em que a Família Clutter havia sido assassinada, o escritor escolheu não realizar uma abordagem factual do crime, mas se debruçar sobre o evento e esperar que houvesse algum desfecho – no caso, a morte dos assassinos por enforcamento, algo previsto na lei norte-americana. Tendo se tornado um sucesso de vendas quando foi publicado pela *The New*

Yorker, *A sangue frio* foi um verdadeiro divisor de águas dentro da própria revista. E isso se deu, em grande parte, pelo realismo do texto de Capote. Esse realismo, por sua vez, é decorrente da relação do autor com a literatura.

A exploração de detalhes – que muitos julgaram como um sensacionalismo barato – foi motivada pela necessidade que Truman Capote via em relatar com precisão e minúcia o massacre. Sua relação com o caso se tornou cada vez mais profunda ao longo dos seis anos que levou para entregar a primeira versão do livro, chegando até mesmo a ser confidente de Perry e Dick, os assassinos. Por causa dessa proximidade, os dois criminosos o escolheram como uma das três testemunhas que poderiam assistir à execução de cada um deles. Matinas Suzuki Jr. (2003), no posfácio de *A sangue frio*, relembra que Capote havia sido marcado para sempre pelo envolvimento com os matadores, a ponto de sua mão ficar paralisada quando escrevia as últimas páginas.

6.4
Técnicas de TED e Pecha Kucha

O TED e o Pecha Kucha são dois formatos de palestra que ganharam o mundo desde os anos 2000. Ambos se caracterizam pelo dinamismo e pelo tamanho diminuto das apresentações, se comparados aos modelos mais tradicionais. Ambos foram adotados pelos principais atores em setores de tecnologia, criatividade e empreendedorismo para apresentar suas ideias.

Acompanhando o dinamismo da internet e as novas configurações para a construção da informação, as formas de transmissão presencial do conhecimento também passaram por processos de ressignificação e rearranjo. A partir da virada do milênio – quando o mundo foi estremecido pelo atentado ao World Trade Center –, não havia mais espaço para o que não fosse essencial. Tudo se tornava mais ágil e arrojado.

Assim, em 2001, Chris Anderson assumiu a curadoria do TED (Technology, Entertainment, Design) e rompeu com os modelos preestabelecidos de palestras e conferências. Se antes as pessoas dedicavam horas para debater os assuntos mais diversos, Anderson instalou a pedra fundamental de um novo escopo para apresentações mais assertivas e compactas.

Dois anos mais tarde, foi a vez do Pecha Kucha despontar como uma alternativa às palestras demoradas e que, não raras vezes, alongavam-se sobre assuntos laterais ou que não eram de interesse do público.

O TED apresenta um formato relativamente livre, havendo apenas a regra de que os palestrantes se apresentem no tempo máximo de 15 minutos; já o Pecha Kucha impõe um número de *slides* (20), e cada um deve durar exatos 20 segundos, totalizando uma apresentação de 6 min. 40 s.

Nesse sentido, em ambos os casos, a palestra deve buscar a brevidade, a fim de construir uma linha de raciocínio que possa ser estabelecida e concluída – com qualidade e eficiência – muito rapidamente. No caso do Pecha Kucha, existe o agravante do número limitador de lâminas de *slide*, o que torna a apresentação um desafio ainda maior.

No entendimento de Anderson, as experiências compartilhadas por meio dos TED Talks deveriam, antes de tudo, servir como modelo para que o espectador pudesse moldar seu modo de ser e agir: "as formigas moldam a conduta umas das outras mediante a troca de substâncias químicas. Nós fazemos o mesmo ao ficar diante de outras pessoas, encará-las, gesticular e emitir sons estranhos" (Anderson, 2016, p. 9).

Para Anderson, uma palestra bem-sucedida é como uma conversa ao redor da fogueira; porém, ao pensar essa sistematização em uma sociedade globalizada e desterritorializada, a fogueira é o mundo todo. E é mediante a internet que é possível partilhar o conhecimento de forma democrática e acessível para boa parte da população mundial. A despeito de desprezar as opções formulaicas para uma palestra de sucesso, Chris Anderson acredita na possibilidade de ensinar as qualificações necessárias para obter a competência comunicativa – que nada mais é que a retórica, técnica bastante popular na Grécia antiga e que se refere à habilidade de falar em público assertivamente e com caráter persuasivo.

Importante!

Retórica é, antes de tudo, a arte de falar bem. Esse, por sinal, é significado da palavra latina *rhetorica*. Nascida no século V a.C., na região da Sicília, foi levada à cidade-Estado grega de Atenas pelo sofista Górgias (485-380 a.C.). Após a migração, a técnica passou a ser largamente usada nos âmbitos político e jurídico gregos, transformando-se, em pouco tempo, em sinônimo de persuasão.

Os sofistas eram grupos de educadores que viajavam pelas cidades oferecendo educação ao povo em troca de pagamento. Durante sua estadia nas cidades, faziam apresentações públicas para atrair novos estudantes.

O Dicionário Michaelis apresenta dois significados que muito bem se encaixam nesse contexto. São eles:

> 1 Conjunto de princípios que constituem a arte da eloquência ou do bem-dizer; oratória. [...]
>
> 3 Habilidade no uso da fala e da escrita com o objetivo de influenciar ou persuadir. (Retórica, 2020)

Aristóteles (384-322 a.C.) sistematizou muito dos estudos acerca da retórica na obra *A arte da retórica*, em que analisa como se constrói o discurso e examina os elementos que a compõem, como as ideias de *ethos* – o poder de autoridade do palestrante –, *pathos* – uso de fatores emocionais para a persuasão – e *logos* – o uso da razão como elemento persuasivo.

O TED, que nasceu como uma conferência anual sobre tecnologia, entretenimento e *design*, passou a ser um encontro – atemporal – sobre qualquer tema que desperte interesse público. A premissa é que esse público nem sempre é formado por pessoas que atuam no campo do palestrante, ou seja, é fundamental criar vínculos entre esses atores, e isso só pode acontecer por meio de uma conferência bem-construída e planejada para "informar ou persuadir" (Anderson, 2016, p. 13).

Para chegar ao resultado que consagrou o TED como uma das ferramentas mais poderosas na formação da opinião pública, Anderson dividiu e dissecou cada um dos elementos necessários para alcançar o público com eficiência e eficácia.

A potência das palestras TED pode ser dividida em quatro subtópicos (Anderson, 2016): competência comunicativa; construção da ideia; armadilhas comuns; e linha mestra.

Competência comunicativa

Competência comunicativa é uma habilidade construída por meio da empatia diante do público, isto é, refere-se a falar aquilo que está no escopo da palestra, porém, de modo a criar vínculos com a plateia. Esse laço afetivo, que conduz o público a aceitar o conteúdo disponível durante a apresentação, acontece por uma via simples e que se baseia, segundo Anderson (2016, p. 15), em falar de "coração aberto, com o máximo de franqueza e convicção".

Na realidade, e como detalharemos adiante, o que Chris Anderson enaltece pelo viés da singularidade nada mais é que a aplicação prática de técnicas de retórica, tais como as usadas séculos atrás. Entretanto, fazer-se entender – falar de acordo com as características do público – é um dos elementos mais importantes para a criação de uma palestra TED bem-sucedida.

Construção da ideia

Para além da conexão entre os atores envolvidos no espetáculo, é imprescindível que o conteúdo seja o verdadeiro alicerce e sustentáculo da palestra. Nesse sentido, os poucos minutos de contato entre público e palestrante têm de ser uma oportunidade de ressignificação e rearranjo. Para tanto, o elemento que deve conduzir esse caminho é a ideia.

A ideia deve ser "uma criação mental que esses ouvintes podem reter, levar para casa, apreciar e, em certo sentido, permitir que ela os modifique" (Anderson, 2016, p. 22). Ela pode ser definida como qualquer coisa capaz de mudar a forma como as pessoas olham o mundo. Esta é, como dito pouco antes, a ressignificação.

Percebemos que, de maneira geral, uma palestra TED não pode se encerrar quando aqueles 15 minutos passam: tudo o que for compartilhado durante a apresentação deve acompanhar o público, levá-lo a um processo constante de reflexão acerca do tema central.

Armadilhas comuns

Diante do desafio de falar em público e apresentar uma ideia consistente, é comum palestrantes se deixarem levar por lugares-comuns e caírem em armadilhas. A mais comum, talvez, seja a "conversa de vendedor": aproveitar o tempo de palco para vender seu produto ou criar uma imagem diante do público. Essa estratégia é falha, principalmente porque a plateia deseja o contato com experiências práticas e que dialoguem com suas realidades específicas.

Nesse sentido, devem ser evitados relatos sobre o cotidiano de empresas, pois por mais divertidas e interessantes que sejam para quem trabalha nelas, podem se tornar um assunto tedioso para quem está de fora.

Outro ponto que derruba palestrantes iniciantes é a divagação: falas esparsas sobre assuntos aleatórios e que não se conectam com o tema ou a ideia central tendem a fazer o público dispersar. A divagação pode ser sintoma de muitas coisas, sendo o nervosismo e o despreparo as que mais saltam aos olhos e ouvidos de quem está na plateia.

A linha mestra

Toda palestra precisa de um fio condutor, uma ideia que perpasse todos os tópicos abordados ao longo daqueles poucos minutos. Ainda que essa linha mestra não seja perceptível – não precisa estar expressa, mas tem de estar presente –, é ela que deve conduzir a palestra, dando parâmetros e sustentando todos os argumentos.

Não é incomum que palestrantes talentosos, com conteúdo e que poderiam fazer uma apresentação realmente significativa, não consigam articular os assuntos levantados.

Existe, porém, algo que é preciso estar na linha mestra, fundamental diante da necessidade de provocar o público e chamá-lo à ressingnificação: o inesperado. A linha mestra deve apresentar um aspecto que seja inédito ou desconhecido ao público, levando-o à curiosidade.

Para facilitar esse processo, Chris Anderson (2016) criou um *checklist* com os principais tópicos que devem ser abordados:

- O assunto me apaixona?
- Ele provoca curiosidade?
- Ele faz diferença para a plateia?
- Minha palestra é um presente ou um pedido?
- As informações são novas ou já são conhecidas?
- Eu consigo explicar o tema, com os exemplos necessários, no tempo concedido?
- Conheço o assunto o suficiente para que a palestra valha o tempo dos ouvintes?
- Tenho a credibilidade necessária para falar do assunto?
- Quais são as 15 palavras que resumem minha palestra?
- Essas 15 palavras fariam alguém se interessar por ouvir minha palestra?

Todos os aspectos citados precisam estar ligados a algo humano e que gere identificação. Por isso, não é exagero afirmar que um palestrante competente é também um excelente contador de histórias.

Para além das técnicas de *storytelling* abordadas anteriormente, é possível pensar em ferramentas e estruturas capazes de criar coesão e ligar, linguisticamente, os pontos da palestra. São elas: sintonia; narração; explicação; persuasão; e revelação.

Sintonia

A sintonia diz respeito à conexão pessoal entre o palestrante e o público; é a percepção de que se fala para pessoas. Essa ferramenta é importante para criar engajamento pessoal e quebrar a resistência inicial. Estabelecida a identificação, a plateia tende a se mostrar disposta a ouvir o que será dito, havendo mais chances de as informações difundidas na palestra serem interiorizadas pelo público.

Aspectos que fazem a diferença na criação de laços humanos:

- **Estabelecer contato visual com o público**: Isso é importante principalmente nos primeiros minutos da palestra, pois demonstra respeito ao público e o desejo de ser um deles.
- **Mostrar vulnerabilidade**: O palestrante deve apresentar, primeiramente, suas fraquezas e dificuldades. Essa técnica gera identificação e engajamento, fazendo o público perceber que o interlocutor é também um deles.
- **Fazer a plateia rir**: É salutar criar momentos de alívio cômico, transformar experiências que poderiam ser embaraçosas em situações que, para além do exemplo, são passíveis de conquistar o público pelo humor.

Sobre a questão do humor, existem algumas ressalvas. Ainda que a comicidade possa ser uma aliada, é preciso saber usá-la para criar pontes e não gerar antipatia, resistência ou aversão. Ao escolher o senso de humor, é sempre inteligente evitar piadas que envolvam religião, questões de gênero, etnias, sarcasmo, jogo de palavras e termos ofensivos.

Narração

A contação de histórias faz parte do desenvolvimento humano. Já versamos sobre as técnicas de *storytelling*, e uma palestra TED é um excelente momento de usá-la. Contar uma história, além de ajudar a exemplificar, é um modo de colocar a experiência no plano do humano e do realizável.

As plateias não estão interessadas em aspectos teóricos ou estatísticos; elas desejam, na verdade, que aqueles poucos minutos as ajudem a resolver questões práticas com baixo risco, criatividade e eficiência. Uma alternativa para a criação de boas histórias é o uso de parábolas – pequenos contos que encerram uma moral ou têm como objetivo explicar de forma alegórica determinada situação. É importante se certificar, entretanto, de que a metáfora seja condizente, compreensível e bem-construída.

Explicação

A explicação é, sem sombra de dúvidas, um dos aspectos mais importantes de qualquer palestra. Refere-se à síntese de todo o projeto, e é por meio dela – com conceitos acessíveis – que o público terá o que tanto espera: a mudança de suas ideias e a ressignificação de suas vidas.

Anderson (2016) cita alguns acidentes possíveis durante as tentativas de uma explicação competente:

- **A maldição do conhecimento**: O palestrante deve estar consciente de que a plateia, na maioria dos casos, não domina o assunto sobre o qual ele falará. Portanto, não deve tratar dos

assuntos como se fosse uma obviedade. É preciso empatia para criar uma explicação acessível e de fácil compreensão.
- **Da explicação à empolgação**: Fazer uma palestra engajada e motivadora não significa transformá-la em uma catarse pessoal. As pessoas que acompanham a palestra precisam ser tocadas pelo que é dito, entretanto, oradores empolgados em demasia tendem a ser escapistas e afugentar o público.

Persuasão

A persuasão pode ser descrita como o ponto de virada na palestra. Diz respeito ao momento em que o palestrante consegue converter o público, fazer dele parte de um mesmo séquito. É importante que a persuasão não seja confundida com a venda de uma ideia falsa ou de um ideal equivocado. Ao contrário, ela significa, antes e acima de tudo, que o público compreendeu completamente o raciocínio do palestrante, e que concluiu que o que ouviu pode auxiliá-lo a solucionar questões do seu cotidiano.

A persuasão é fruto da preparação e do estudo deliberado do assunto abordado. A partir dessa premissa, o palestrante conhece tão bem e profundamente o tema que é capaz de prever possíveis refutações e contra-argumentá-las com êxito. Portanto, a razão deve ser o guia ao longo da apresentação, o que significa que "numa argumentação racional, se os pressupostos iniciais são verdadeiros, as conclusões racionais também devem ser verdadeiras – e pode-se saber que são verdadeiras" (Anderson, 2016, p. 81).

Não é exagero afirmar que a persuasão é uma estratégia que fala diretamente ao coração do público. É preciso conectar-se com ele por meio de sentimentos e paralelismos, fazendo com que a plateia se enxergue também na situação descrita ou exemplificada em cima do palco.

Para persuadir, é necessário, acima de qualquer outra coisa, que os atores se conectem e criem uma relação intimista e de identificação. E essa relação só se torna possível quando todos os passos anteriores são seguidos à risca. A persuasão é, portanto, um resultado, e não um meio.

Ensaio e preparação

Diante dos desafios de uma apresentação em público – seja ela longa ou curta –, é fundamental que o palestrante tenha seu discurso preparado e ensaiado. Além de conhecer o tema, é necessário estabelecer um roteiro – conforme as técnicas de *storytelling* apresentadas anteriormente – para que o assunto seja abordado de maneira eficiente, cativante e, evidentemente, que engaje o público.

Portanto, criar uma rotina de ensaios e preparação física pode ser um diferencial no desempenho final. É importante frisar que ensaiar não significa decorar, mas ter muito claramente o caminho – isto é, o roteiro – que a apresentação deverá tomar. O ensaio, que deve ser realizado repetidas vezes, é uma ferramenta necessária a fim de se estar preparado para possíveis imprevistos.

No que diz respeito à preparação, apresentamos algumas dicas:

- beber água antes de subir ao palco, para limpar a garganta;
- manter a postura ereta;
- evitar movimentos muitos bruscos com os braços;

- evitar caminhar pelo palco;
- impor uma identidade pessoal à fala;
- em caso de improviso, agir com naturalidade.

Uma apresentação de sucesso é, acima de tudo, o resultado de todos os elementos abordados neste capítulo. Ainda que tenhamos exposto um conteúdo extenso, este pode ser vivenciado de maneira naturalizada a partir dos ensaios e das repetidas tentativas de apropriação.

Síntese

Neste capítulo, explicitamos que tudo é narrativa e discurso. Tão importante quanto o que se diz é como aquilo é dito. A escolha do suporte também faz a diferença – visto que viabiliza novas possibilidades de fazer jornalismo para além da mídia tradicional –, assim como as estratégias que se valem de outras linguagens, como o *comics journalism*. Veículos cujo público-alvo é mais jovem preferem transformar seu conteúdo em algo mais informativo, palatável, mas nem por isso superficial. Para isso, esses veículos se valem de suportes diferentes dos tradicionais e convidam o usuário – pois quem acessa esse conteúdo já não é mais um mero leitor, um agente passivo – à interação ou, até mesmo, à participação na construção da informação que consome. Como debateremos no próximo capítulo, o limite entre a informação e o entretenimento está cada vez mais tênue, não sendo mais restrito à televisão.

Essa espécie de revolução chegou também às palestras e aulas. Os modelos tradicionais estão caindo por terra e sendo substituídos por novas modalidades, como o TED e o Pecha Kucha, em que o caráter conteudista e fragmentado dá lugar a uma forma de expressão dinâmica, rápida e com poder de fixação e interação bastante fortes. Apesar da aparente simplicidade, palestras e aulas assertivas são frutos de técnicas e de uma narrativa pautada em elementos que dão coesão e coerência, alicerçados em uma argumentação com base sólida – seja por experiências pessoais, seja por estudos científicos e empíricos – e que dialogam com a plateia de modo a criar empatia e identificação.

Questões para revisão

1. Cite exemplos em que técnicas de *storytelling* foram utilizadas ao longo da história.

2. Como se dá a relação entre jornalismo literário e *storytelling*?

3. O que são TED e Pecha Kucha?
   a) São modelos de palestras que exploram questões teóricas e metodológicas, geralmente realizadas em universidades e ambientes coorporativos.
   b) São modelos de palestras curtas e cujo objetivo principal é vender um produto ou serviço.
   c) São modelos de palestras curtas com forte entrelaçamento emocional, apresentando aspectos pessoais do palestrante.

d) São experimentos científicos cujo objetivo é avaliar a veracidade dos fatos.
e) Nenhuma das alternativas anteriores está correta.

4. Quais são os elementos básicos de uma narrativa, de acordo com Field (1995)?
   a) Introdução, desenvolvimento e conclusão.
   b) Jornada do herói, conflito e desfecho.
   c) Contexto, conflito e resolução.
   d) Conflito, apoteose e resolução.
   e) Conflito, resolução e *deus ex machina*.

5. Avalie os itens a seguir a respeito da comunicação não verbal:
   I) Conhecer as técnicas de comunicação não verbal ajuda a construir uma narrativa de conexão com o público, estreitando laços e estabelecendo uma relação de confiança.
   II) A comunicação não verbal só deve ser aplicada com plateias mais criteriosas e não é válida em situações do cotidiano.
   III) Uma postura adequada e movimentos contidos no palco são exemplos positivos de comunicação não verbal.
   IV) A comunicação verbal nada tem a ver com o sucesso de uma apresentação em público.
   V) A comunicação não verbal é um complemento à preparação do orador, que deve ter domínio pleno do conteúdo e estar seguro quanto às informações que transmitirá.

Está(ão) correta(s) apenas a(s) afirmativa(s):

a) I, II e V.
b) I, III e V.
c) II e IV.
d) I.
e) V.

Questões para reflexão

1. Como as técnicas de *storytelling* podem ser utilizadas em processos de comunicação de massa?

2. Quais são os conceitos da construção de um texto usando técnicas de *storytelling*?

Capítulo 07

Dispositivos móveis

Conteúdos do capítulo

- Dispositivos para todas as idades.
- Teoria da difusão da informação.
- Novos formatos jornalísticos.
- *Newsgame*.

Após o estudo deste capítulo, você será capaz de:

1. detalhar o cenário do jornalismo atual voltado ao uso dos dispositivos móveis;
2. citar as principais inovações utilizadas no mercado para difundir informação aos diferentes públicos;
3. descrever o impacto das novas tecnologias na comunicação.

7.1 Internet, dispositivos móveis e comunicação

A chegada da internet revolucionou o acesso à informação e as interações sociais. A inovação atingiu todos os segmentos de mercado, que entraram em contato com o *ciberespaço*[1], termo criado por Willian Gibson ao se referir a um ambiente com computadores conectados por uma rede. A partir desse contexto, em entrevista concedida à revista Época, em 2010, Marc Prensky afirmou que a sociedade pode ser dividida entre os nativos digitais e os imigrantes digitais, que correspondem, respectivamente, aos que cresceram na era digital, absorvendo as transformações culturais que ela

- - - - -

1 O ciberespaço deu lugar à ideia de ambiente virtual. Em parte, a obsolescência da terminologia se dá por se entender que já não existe mais a relação *on-line* e *off-line*. Com a consolidação da internet como uma constante no cotidiano, compreende-se que o homem médio passa boa parte de seu dia conectado e dependente do ambiente virtual.

proporcionou, e aos que não cresceram nessa era, mas precisam se adaptar às novas tecnologias (Guimarães, 2010).

Os veículos de comunicação não demoraram a digitalizar seus conteúdos para adentrar nesse novo universo. O baixo investimento e a facilidade de adaptação do padrão tipográfico para *web* fizeram a indústria jornalística ser uma das primeiras a explorar o mundo virtual. Dentro das redações, esse impacto refletiu na agilidade com que os fatos são apurados, no acesso facilitado às fontes, nas novas possibilidades de produção de conteúdo, na expansão do campo de divulgação e na instantaneidade com que ela chega ao público.

A popularização da internet também contou com o suporte dos dispositivos móveis. Criados inicialmente com a proposta de serem meios de comunicação voltados à elite, os celulares e *tablets* ganham cada vez mais usuários, de todas as classes sociais. Aperfeiçoados nos últimos anos, os celulares oferecem praticidade e mobilidade, permitindo ao usuário estar conectado à internet de qualquer lugar.

Segundo uma pesquisa divulgada em 2017 pela Federação do Comércio do Rio de Janeiro, o *smartphone* se consolidou como o principal mecanismo para acessar a internet no país (Fecomércio-RJ, 2017) . Dados do IBGE revelam que 71% da população com mais de 10 anos tem o aparelho para uso pessoal e 94% utilizam-no para se conectar à internet (Agência IBGE Notícias, 2018a). Em âmbito global, uma pesquisa do HootSuite (2020) – plataforma norte-americana de gerenciamento de mídias sociais –, divulgada em 2018, ressalta que a internet tem uma penetração de 53% na população mundial. Desses usuários, 68% a acessam via dispositivos móveis, principalmente o *smartphone*. Com a alta popularidade, o mercado *mobile* cresce em média 4% ao ano.

Multifuncionais, os telefones celulares conjugam funções antes oferecidas por diferentes objetos: relógios, telefones fixos, rádios, computadores, televisores, câmeras fotográficas, mapas e *videogames*. Em suma, os *smartphones* reúnem, em um único e compacto aparelho, utilidades cotidianas em constante atualização, atendendo diferentes demandas de seu usuário. Esses dispositivos, em acréscimo, disponibilizam outros serviços para competir com setores como o jornalismo e a música, oferecendo funções melhoradas, mais tecnológicas e práticas, por um custo reduzido. É o que acontece em aplicativos como Flipboard e Spotify, por exemplo, que dão acesso às reportagens dos jornais e às músicas nacionais e internacionais por um valor muito abaixo do que é praticado nesses mercados.

Ao somar portabilidade e ubiquidade, os *smartphones* se tornam uma ferramenta relevante na vida pessoal e profissional. Em profissões que utilizam *e-mails*, comunicadores instantâneos e sistemas de gerenciamento, a presença da internet nos dispositivos móveis permite que o trabalhador realize suas atividades cotidianas de qualquer lugar do mundo. Essa inovação acarretou mudanças no fluxo de trabalho: algumas empresas deixaram até mesmo de ter um endereço físico, concedendo mais liberdade aos funcionários, que agora conseguem fazer reuniões, fechar contratos, resolver urgências e realizar outras atividades remotamente. Em contrapartida, estar o tempo todo *on-line* pode ser um malefício. Sem limites previamente estabelecidos, os dispositivos móveis e a internet permitem que chefes e colaboradores se comuniquem fora do ambiente de trabalho, prejudicando os momentos de lazer e a rotina fora das corporações.

A disponibilidade dos *smartphones* e da internet também reduziu os custos e a velocidade da comunicação, deixando-a mais acessível. Há alguns anos, uma simples ligação entre telefones fixos era feita às pressas, considerando-se a alta conta que seria paga depois. O problema era ainda pior em ligações de longa distância. Outra solução, mais barata, porém demorada, era o envio de fax ou cartas, que treinavam a paciência de quem receberia a mensagem. Com os dispositivos móveis e a internet, as empresas de telefonia tiveram que reduzir os preços de seus serviços para serem competitivas em um mercado ocupado por Skype, WhatsApp e redes sociais, que democratizaram e facilitaram a comunicação.

7.2
Dos mais jovens aos mais velhos

Sendo usados com intenções muito distintas daquelas imaginadas quando foram criados, os aparelhos celulares se tornaram populares entre um público menos convencional: o infantil. O objeto utilizado no ambiente de trabalho e nas tarefas cotidianas se tornou uma ferramenta para entreter crianças e jovens.

Segundo um estudo do Comitê Gestor da Internet do Brasil (CGIBR), divulgado em 2019:

> cerca de 24 milhões de crianças e adolescentes, entre 9 e 17 anos, são usuários da internet no país. O número corresponde a 86% do total de pessoas desta faixa etária no Brasil. A pesquisa ainda revela que a utilização mais comum (em 83% dos casos) é para assistir a vídeos, programas, filmes ou séries

online. 77% utiliza para o envio de mensagens instantâneas, enquanto 60% usam para jogar, principalmente conectados com outros jogadores. (CGI.BR, 2019)

Retomando a análise de Marc Prensky sobre a existência de uma sociedade de nativos digitais, percebemos que o contato com a tecnologia desde a infância já interferiu no modo como a educação dentro dos colégios é pensada. Hoje, crianças e adolescentes carregam consigo os dispositivos móveis em seu dia a dia, para a realização de pesquisas e tarefas escolares, o que é incentivado por pedagogos que pensam em uma sociedade futuramente mais conectada.

Contudo, psicólogos e pedagogos salientam os riscos da exposição excessiva e sem supervisão de um responsável. É preciso haver um equilíbrio entre os universos *on* e *off-line*. Caso contrário, passar muitas horas utilizando um aparelho celular pode retardar o processo de amadurecimento, dificultar a capacidade de conexão social e aumentar o sedentarismo.

A internet também reúne conteúdos voltados para diferentes públicos e, em certos casos, esses materiais apresentam restrição de idade. Com o acesso via dispositivos móveis, o controle é mais limitado. Mesmo assim, pais, educadores e responsáveis devem estar atentos aos conteúdos consumidos por jovens e adolescentes, a fim de assegurar um equilíbrio entre os benefícios e malefícios do mundo digital.

Outro grupo que vem procurando estar mais conectado às inovações é o das pessoas acima dos 60 anos de idade. São cada vez mais populares os centros de ensino que ajudam idosos a lidarem com os aparelhos eletrônicos e a se conectarem à internet. Divulgada em 2018, a Pesquisa Nacional por Amostra de Domicílios aponta que "a parcela de idosos que utilizam a internet cresceu cerca de 26%, representando o maior crescimento entre todas as faixas etárias, com um aumento de 2,3 milhões de usuários" (Agência IBGE Notícias, 2018b). O acesso se dá, principalmente, via *smartphones*. Entre as principais atividades listadas, estão fazer ligações, acessar as redes sociais, fazer pesquisas na internet, tirar e gerenciar fotos e vídeos, acessar o banco e usar navegadores e GPS.

7.3
Teoria da difusão de inovações

A inovação é um processo necessário. No segmento jornalístico, trata-se de uma estratégia indispensável de progresso e mudança social. Apesar de ter sido formalizada em 1962, por Everett Rogers (1931-2004), a teoria da difusão de inovação ainda é muito aplicada ao atual contexto jornalístico. Nesse caso, as inovações citadas por Rogers estão diretamente relacionadas com a tecnologia.

Entre os elementos principais da teoria, podemos listar a própria inovação, os canais de comunicação por onde ocorre a divulgação, o tempo e o sistema social. Rogers (2003) também destaca os *early adopters* e os *late adopters*, respectivamente pessoas que aderem rapidamente a uma nova tecnologia e pessoas que são mais resistentes à inovação. O autor acrescenta que diante do lançamento de uma nova tecnologia, no início a aceitação é mais lenta; depois, há uma adesão acelerada, seguida de uma estabilização e de uma nova fase de propagação descontinuada.

No campo jornalístico, as inovações associadas à tecnologia impactaram rapidamente as redações, promovendo mudanças nos processos de produção, estruturação de conteúdos, circulação dos materiais e consumo. O novo cenário também contribuiu para a consolidação do jornalismo digital e da convergência multimidiática, que tornaram a experiência do público mais acessível e completa.

Com a comunicação móvel e a utilização da "quarta tela", o jornalismo consegue atualmente se inserir no cotidiano das pessoas, sem que elas tenham que procurar pela informação. As redações nacionais e internacionais já estão adaptando o conteúdo para o novo formato de tela, mais sucintos, interativos, visuais, de fácil acesso, consumo e compartilhamento.

7.4
Desenvolvimento de novos formatos jornalísticos

Rápida inovação, ampliação do uso da tecnologia, crises financeiras e demissões em massa. Essas eram as circunstâncias predominantes no jornalismo do início do século XXI. A internet permitiu que a produção de conteúdo fosse democratizada. Logo, qualquer pessoa com um computador dentro de casa poderia se tornar um redator, mesmo que as informações não fossem de qualidade ou verídicas.

Consequentemente, as empresas de comunicação tiveram que encontrar formas de, ao memso tempo, gerar renda e oferecer um conteúdo de qualidade para o público, que não estava mais disposto a pagar pela notícia. Uma solução era o corte de funcionários, que trazia um mercado muito mais competitivo, tanto para as empresas quanto para os profissionais.

Os autores Anderson, Bell e Shirky (2012) assinalam que, diante de um cenário de demissões em massa e falência de veículos, a sobrevivência das organizações jornalísticas dependia da capacidade de inovação relevante. Uma das primeiras tentativas para desenvolver e explorar novidades no mercado foi a criação dos *media labs*. O primeiro laboratório de inovação em jornalismo pertenceu ao *The New York Times* e foi criado em 2014, propondo uma série de modificações na linguagem e na abordagem das reportagens.

Um dos primeiros exemplos dessa iniciativa é a reportagem "Snow Falls", que tinha o diferencial de poder ser lida na tela do computador, *tablet* ou celular, com um visual gráfico inovador e recursos multimídias, de forma responsiva. Ser responsivo, segundo Zemel (2012), é um modo de acessar o *site* em diversas plataformas, com um *layout* que se adapta, não deixando que o conteúdo perca qualidade em sua apresentação.

Outra inovação de produto, apontada por Spinelli (2017), refere-se às iniciativas de realidade virtual e reportagens 360°, que também utilizam tecnologia. Um famoso exemplo é a produção do jornal britânico *The Guardian*, que usou uma ilustração em 360° pensada para o formato *mobile* para inserir o usuário em uma cela, a fim de informar sobre o sistema prisional do país.

Um exemplo no Brasil é a série de reportagens investigativas produzida pela Agência Pública em realidade virtual, que aborda as belezas da Baía de Guanabara, no Rio de Janeiro, enquanto faz uma denúncia sobre as cachoeiras de esgoto *in natura* no local.

7.5
Newsgames

O entretenimento é uma ferramenta muito utilizada pelos veículos de comunicação para captar audiência. No jornalismo, os jornais exploram jogos e quebra-cabeças para passar a informação de forma mais leve e atrativa para o público. Essas estratégias são utilizadas desde o início do século XX, sendo o jornal *The New York Times* novamente o precursor. Com o passar dos anos, os jogos educativos estiveram mais presentes em veículos de comunicação em todo o mundo.

A evolução dos jogos está associada à evolução tecnológica. Com a televisão e os computadores, que colocam a imagem e o movimento em destaque, os *games* se tornaram mais audiovisuais, permitindo o aumento da transmissão de dados e a ampliação da narrativa. O que antes envolvia apenas criatividade e logística, atualmente depende de programadores, *designers* e outros especialistas, a fim de assegurar a qualidade do jogo produzido.

A internet expandiu possibilidades de associação de jogos para complementar informações de notícias. Segmentos da educação e do jornalismo estão explorando os jogos em processos de aprendizagem de conhecimento e divulgação de informações. Contudo, especialistas questionam se o envolvimento com os jogos promove uma experiência positiva ou negativa, considerando que os *games* estão relacionados com brincadeiras e diversão, sem reproduzir aspectos formais de assuntos contundentes, investigativos ou sensíveis.

Um exemplo é o jogo JFK Reloaded, de 2004, no qual o jogador assume o papel do assassino do presidente americano John

Kennedy, morto em 1963, tendo que lidar com tempos e distâncias precisos para realizar o crime com sucesso, conforme reportagens e documentos publicados na época. Há, ainda, um *game* complementar que gera *ranking* entre os jogadores.

O jogo, que conjuga fatos reais e fictícios, gerou revolta por envolver questões éticas, jornalísticas e documentais. Ética é um comportamento humano que respeita as regras da sociedade, envolvendo um conjunto de preceitos e princípios que moldam as atitudes humanas. Nesse caso, o autor do jogo utilizou materiais informativos para explorar um assunto sensível na sociedade, de forma negativa.

Ao explorarmos os benefícios dos *games*, podemos confirmar que eles extrapolam o estereótipo de entretenimento. Atualmente, associam-se a outros segmentos, listados como jogos de *marketing*, jogos de simulação, jogos de saúde, jogos políticos e jogos educativos. Há, também, o conceito de "jogos sérios", definido por Carlos Eduardo de Martin Silva (2008) ao se referir à prática pedagógica com temáticas amplas.

Para Hamze (2015), os jogos são uma ferramenta pedagógica complementar, válidos para reforçar conceitos e conteúdos ministrados de forma teórica, retomando-os sob uma perspectiva lúdica e interativa. Com isso, o estudante assume uma posição mais ativa na recepção do conhecimento, contribuindo com o processo de aprendizagem que vai além da tradicional lousa nas salas de aula.

Alguns autores também segmentam os jogos educativos segundo o modo como fornecem as informações ao *gamer*. Os jogos de ensinar, por exemplo, fazem uma transmissão mais direta, sem promover reflexão; os jogos de aprender, por sua vez, expõem uma abordagem mais aprofundada, com uma imersão que faz o usuário imergir na história, envolvendo estratégias, objetivos e incógnitas para a resolução do jogo.

Mastrocola (2013) explica que a utilização de jogos como uma ferramenta pedagógica é chamada de *gameficação* (derivado de *gamification*, em inglês). O autor ressalta que o termo surgiu em 2003, ao relacionar a mistura de entretenimento com a experiência de compra. A extensão do conceito pode ser utilizada para relacionar jogos que promovem o aprendizado, o engajamento e a resolução de problemas, mesmo fora do ambiente escolar ou acadêmico.

∴ Características dos *newsgames*

Entender as possibilidades educativas dos *games* é essencial para compreender a potencial e inovadora associação entre jogos e materiais jornalísticos. Nesse contexto, o jogo deve ser baseado em algum fato pautado pelas mídias jornalísticas, no meio impresso, *on-line*, audiovisual ou sonoro. Segundo Burton (2005), jogos tematizados com informações jornalísticas ou que compõem uma reportagem são chamados de *newsgames*.

Comumente disponibilizados de forma acessível, em plataformas *on-line* e gratuitas, os *newsgames* têm como principais características a multimidialidade e a interatividade. Essas qualidades despertam diferentes sentidos do usuário e capacidades cognitivas ao aprofundar temas expostos em reportagens jornalísticas ou apenas retratá-los de forma lúdica.

Bogost, Ferrari e Schweizer (2010) criaram algumas categorias para os *newsgames*. Os *editorial games* são construídos com o intuito de expor a linha editorial e o posicionamento do veículo com relação a determinadas temáticas para o leitor/jogador. Os autores também descrevem a categoria *tabloid games*, os quais abordam "fofocas", estimulando o leitor/jogador a também navegar para outras áreas do *site*, a fim de obter a informação completa sobre a notícia.

A terceira categoria listada é o *reportage documentary games*, que associa os jogos e o jornalismo de forma mais relevante. Essa categoria costuma ter uma produção mais demorada em comparação com as demais, com uma mecânica mais elaborada, para ampliar a abordagem sobre determinada temática e a sua compreensão pelo leitor/jogador.

Os jogos pensados para serem *newsgames* são divididos por Bogost, Ferrari e Schweizer (2010) entre *newsgame* por ação e *newsgame* por associação. A primeira categoria se refere a jogos criados como *newsgames* por veículos jornalísticos para serem divulgados nas plataformas *on-line*. Já a segunda foi desenvolvida com outra concepção, mas sua mecânica faz referência aos conteúdos jornalísticos, por mais que contenham um propósito inicial de entretenimento. Mesmo assim, acabam se tornando *newsgames*.

Dentro das produções, o entretenimento e as informações jornalísticas poderiam ser somadas ao tom de crítica. Com pitadas de ironia, alguns produtores criam jogos sem fim ou impossíveis de serem vencidos, como uma forma de criticar determinado contexto social ou político.

∴ Exemplos de *newsgames*

Neste universo, o primeiro jogo produzido com a terminologia *newsgame* foi o Kabul Kaboom, criado em 2001 de forma independente por Gonzalo Frasca. O *game* retrata os bombardeios feitos pelos Estados Unidos em Cabul, no Afeganistão, após os atentados de 11 de setembro.

Durante a narrativa, o *gamer* deve recolher alimentos enquanto desvia das bombas que caem do céu. Um fato curioso é que não há como vencer no jogo, como uma crítica à situação do país, que precisava receber ajuda humanitária enquanto registrava um aumento contínuo no número de mortos e feridos.

Na mesma linha, com o gancho do atentado do dia 11 de setembro, insere-se o *newsgame* September 12th. Parte do projeto Newsgaming.com, considerado o primeiro sucesso do segmento, o jogo mostra como civis viravam alvo dos mísseis durante os bombardeios americanos no Afeganistão. O objetivo era combater terroristas, mas acabava sendo impossível salvar os civis, como uma forma de criticar a violência e os atentados que atingiam inocentes.

Outro exemplo de *newsgame* foi criado pela emissora árabe de televisão Al Jazira. Publicado em 2017, no *site* do veículo de comunicação, o jogo Syhacked foi um desdobramento de uma investigação interativa premiada, sobre a atuação de *hackers* na guerra cibernética na Síria. No *game*, o jogador assume o papel do jornalista investigativo.

Como produzir um *newsgame*

A produção de um *newsgame* deve seguir um passo a passo para aliar tecnologia, informação jornalística de credibilidade, elementos visuais e entretenimento. Marciano (2017) lista 13 etapas essenciais que facilitam o processo de criação do material, passando pela concepção da reportagem, como definir sua relação com o enredo do *game*, personagens principais e vilões, além da organização para cumprir os prazos de produção.

- **Tópico 1: História**

  Nessa etapa, deve-se apresentar o fato ocorrido, com início, meio e fim, detalhando a história e respondendo à pergunta "O quê?" do lide jornalístico. Em seguida, deve ser sinalizado se o material é derivado de alguma reportagem jornalística ou se será um *newsgame* independente sobre uma temática factual.

- **Tópico 2: Objetivos**

  De forma genérica, o produtor deve pensar nos propósitos do jogo, como os objetivos do personagem principal, o contexto em que está inserido e o público-alvo do material. Nesta etapa, deve-se responder o "Por quê?", para identificar a relevância do *newsgame* como um complemento à reportagem jornalística ou sua existência independente para discutir determinado assunto.

- **Tópico 3: Equipe e *deadline***

  Esta etapa é essencial para a organização do projeto. Nesse momento, devem ser definidas as metas, a quantidade de pessoas e especialidades envolvidas e o tempo disponível. A equipe mínima normalmente contém um jornalista (para apurar o conteúdo e desenvolver a reportagem principal que guiará o *newsgame*), um artista (responsável pelo *design* do projeto, na criação dos elementos visuais) e um programador (a quem cabe unir informação e *design* de forma codificada em um *software*). Também é possível reduzir o número de pessoas e otimizar as tarefas de cada membro da equipe. Contudo, um material de qualidade exige profissionais mais especializados, com mais tempo para o desenvolvimento de suas atividades.

- **Tópico 4:** *Gameplay* **e plataforma**

Nesse item, é estruturada a mecânica do jogo a partir dos desafios do jogador e de como ele irá resolvê-los. Dentro da notícia, esta etapa encontra-se no "Como?" do lide. Essa informação pode ser repassada para o jogador em um texto antes de iniciar o jogo ou no decorrer da narrativa, por meio de som ou texto. Para que o *game* seja, de fato, um *newsgame*, essa informação precisa ser destacada, para contextualizar o cenário no qual o jogador está inserido.

- **Tópico 5: Personagens**

Em um lide, essa informação corresponde à pergunta "Quem?". Devem ser pensadas as características físicas do personagem principal, suas habilidades, as alterações que ele pode sofrer ao longo da narrativa e sua relevância para o jogo. É recomendado que o personagem principal do *newsgame* esteja envolvido na notícia principal que deu origem ao jogo.

- **Tópico 6: Inimigos**

Nem sempre os inimigos são representados como "humanos". Assim como os personagens, eles podem conter características, habilidades, alterações e relevância para o jogo, mas podem também ser encarados como um grau de dificuldade em uma fase; algumas possibilidades seriam aumento da velocidade, diminuição do tempo ou do aparecimento de obstáculos. Trata-se da representação do que dificulta a vitória do personagem principal. É importante que em cada fase o inimigo seja mais difícil ou complexo.

- **Tópico 7: Universo do jogo**

  Essa etapa reúne a descrição e a ilustração do mapa de jogo. As partes visual e sonora devem ser compostas com imagens, textos e áudios que esclareçam ao jogador o contexto em que se passa a história e o que se pretende com ela. É importante dar dicas de como o jogador pode atingir o objetivo final, para que ele possa traçar sua estratégia de jogo.

- **Tópico 8: Controles**

  Considerando que o jogo estará disponível na *web*, o jogador deve utilizar o teclado e o *mouse* para jogá-lo. Por isso, a equipe de desenvolvimento deve planejar se setas, barra de espaço ou *mouse* guiarão o jogo. Também é possível pensar em diferentes teclas para cada ação dentro do *game*, o que aumenta a complexidade e exige mais atenção do jogador para controlar seu personagem.

- **Tópico 9: Câmera**

  Apesar de não ser um fator tão relevante de decisão, o posicionamento da câmera define como o jogador visualiza o *game*. Pode ser de cima para baixo, de lado ou em uma visão de primeira pessoa. É necessário considerar quais elementos informativos e interativos estarão disponíveis em cada visualização de câmera.

- **Tópico 10: Interface**
 As interfaces do jogo incluem a tela inicial, tela de *loading*, tela de *pause*, menu de opções, menu de itens, tela de créditos, tela principal, entre outras. As interfaces situam o jogador, para que ele consiga controlar o jogo. É nas telas principais que a dinâmica do jogo é executada, mas nas telas secundárias ficam as informações necessárias para o jogador entender a contextualização da história e o que se pretende alcançar. Ambas são muito relevantes para garantir uma experiência positiva ao usuário.

- **Tópico 11: *Cutscenes***
 Cutscenes são cenas nas quais o jogador não tem controle, utilizadas como ferramenta de construção da história. Elas não são obrigatórias no *newsgame*. Contudo, se a equipe optar por utilizá-las, é preciso compor um roteiro específico e definir como tais cenas serão inseridas, pensando na conexão com o restante do enredo.

- **Tópico 12: Cronograma**
 O cronograma deve conversar com o tópico 3, referente a equipe e *deadline*. Normalmente, uma tarefa depende da outra para ser finalizada. Então, o cronograma deve conter as principais atividades, o responsável por elas e o prazo para o envio do material, a fim de concluir o *newsgame* no *deadline* estipulado.

- **Tópico 13: Orçamento**
 Essa é a parte que mais incomoda as redações. Desenvolver um *game* de alta qualidade demanda profissionais especializados, os quais precisam ser (bem) remunerados. Além dos recursos humanos, é preciso pensar na infraestrutura necessária para desenvolver o *newsgame*.

∴ *Newsgames* como ferramenta de inovação

Os *newsgames* como ferramenta de inovação foram uma alternativa encontrada pelo segmento jornalístico para atravessar a crise financeira enfrentada nos últimos anos. Com a redução dos investimentos da publicidade, que deixaram de investir nos veículos de comunicação tradicionais e passaram a explorar principalmente as redes sociais, apostar em novos formatos de produção e divulgação de conteúdo jornalístico é uma forma de se destacar no mercado e atrair a atenção do público exigente. Há possibilidades de explorar elementos, conceitos e *design* diferenciados, proporcionando uma experiência jornalística diversa, em comparação com os formatos tradicionais.

Com os *newsgames*, é possível capturar, ainda, os leitores mais jovens, já habituados com *games* e com as plataformas *on-line*, para que passem a também se interessar pelo campo jornalístico, entendendo sua relevância na construção de uma sociedade democrática e perspicaz.

Conforme comentamos anteriormente, a associação entre jogos e jornalismo existia antes mesmo do desenvolvimento de novas tecnologias, do advento da internet e da criação do termo *newsgame*.

Muito antes da criação dos computadores, os veículos de comunicação utilizavam principalmente o jornalismo impresso como forma de oferecer entretenimento e informação. Em páginas separadas, o leitor encontrava as principais notícias do dia e, normalmente na última página, conseguia se divertir com um quebra-cabeça ou um caça-palavras. Alguns veículos de comunicação mantêm esses artifícios até hoje.

Em 1980, foi lançado o que pode ser considerado o primeiro *newsgame*: Round the World with Nellie Bly, baseado na viagem ao redor do mundo realizada pela jornalista Elizabeth Jane Cochran (que usava Nillie Bly como pseudônimo). O jogo de tabuleiro representava a história da jornalista, sob inspiração de *A volta ao mundo em 80 dias*, de Júlio Verne (1828-1905), quando ela se tornou a primeira mulher a dar a volta ao mundo, sem a presença de um homem (Di Giacomo, 2016).

Considerando os jogos educativos que se baseiam no jornalismo ou que ajudam a compor a informação, o *The New York Times* foi um dos precursores, no início do século XX, com cruzadinhas baseadas em notícias.

Anos depois, alguns veículos experimentaram a utilização de gráficos e ilustrações, que ajudavam a compor uma história, sem necessariamente serem considerados *games*. Por não serem exatamente lineares, os gráficos permitem que o público explore o material e elabore suas próprias interpretações.

Com a chegada da internet, as possibilidades foram expandidas. Ainda no segmento das ilustrações, em 2004, a ABC, emissora de televisão dos Estados Unidos, utilizou gráficos interativos para explicar as regras das competições olímpicas aos espectadores. No ano seguinte, o *The Guardian* produziu uma sequência de gráficos para explicar o funcionamento do Vaticano e as etapas para a eleição do Papa.

Utilizando recursos multimídias, o *game* Food Import Folly, criado em 2007 pelo *The New York Times*, foi originalmente publicado na versão impressa do jornal. O objetivo foi gerar uma reflexão sobre a falta de fiscalização na importação de comida nas fronteiras americanas.

Em 2011, foi lançado o Spent, um *newsgame* que utiliza banco de dados, notícias e tecnologia. Sem relação com veículos jornalísticos, o *game* aborda a crise econômica mundial, com base nas principais reportagens publicadas na época sobre o assunto. Com um gráfico simples, o enredo retrata um trabalhador americano que deve tomar decisões para pagar suas contas e se sustentar em épocas de crise.

Um exemplo brasileiro, criado pelo *Estadão*, é o *game* Supercrise, baseado no tradicional jogo de cartas Supertrunfo. Com uma mecânica simples em comparação com outros jogos, o *game* propõe uma disputa econômica entre os países, na qual o jogador aposta em um indicador para vencer ou perder do seu adversário. Vence quem estiver com a carta do país em melhores condições econômicas. Essa era uma forma de alertar sobre a crise mundial de modo informal, distante das tradicionais reportagens econômicas que muitas vezes são repletas de termos incompreensíveis para o público.

Também desenvolvido em 2011, o *game* Sweatshop alia jornalismo, tecnologia e ativismo. Criado por Gonzalo Frasca (produtor já citado por ter desenvolvido jogos sobre os conflitos entre Estados Unidos e Afeganistão), o *game* aborda informações sensíveis publicadas em veículos de comunicação valendo-se do humor. O objetivo é criticar a exploração de trabalhadores dentro das fábricas, com o gancho das denúncias de trabalho escravo em lojas norte-americanas de grande porte.

Há, ainda, os *newsgames* imersivos. Estes não contam com pontuações ou vencedores. Um exemplo é a simulação sobre o terremoto do Haiti, chamada *"Inside the Haiti Earthquake"* (Inside Disaster, 2020). Nele, o jogador assume a posição de um jornalista que cobre os desastres no país, entrando na história. A experiência visa situar o usuário como protagonista, verificando os impactos do desastre para a produção de reportagens em um curto período de tempo. O jogo é voltado para jornalistas ou estudantes da área, por abordar aspectos técnicos da profissão, mas as cenas e o contexto sensibilizam qualquer jogador.

∴ A narrativa nos *newsgames*

Burton (2005) dividiu o segmento dos *newsgames* em duas categorias, segundo o estilo de jogo e o de informação comunicada: (1) o uso de informações de notícias atuais ou históricas no *game*; e (2) a explicação de uma história ou notícia por meio de um jogo. Um mesmo *newsgame* pode utilizar uma ou ambas as categorias.

Na primeira categoria, os aspectos históricos ou atuais são usados como pano de fundo ou como a mecânica principal, explícitos no cenário do jogo, com as escolhas dos personagens, o desenvolvimento da narrativa, objetos de destaque, linguagem e animações selecionados. Tais elementos compõem uma ambientação que remete a determinado período histórico. Em alguns casos, podem ser utilizados elementos de ficção.

Um exemplo é o jogo Return to Castle Wolfenstein, de 2001, que se passa na Europa de 1943, ocupada por nazistas. O enredo envolve um soldado e um agente dos Estados Unidos enviados para investigar uma Divisão Paranormal. Os dois acabam presos no castelo de Wolfenstein (inspirado no castelo de Wewelsburg) e precisam enfrentar uma série de desafios para fugir do local. Apesar de conter aspectos históricos reais, a narrativa inclui elementos de ficção, como soldados zumbis.

Outro *game* baseado em fatos reais é Brothers in Arms: Road to Hill 30, de 2005. O jogo eletrônico de tiros coloca o *gamer* na primeira pessoa, durante a invasão da Normandia, na Segunda Guerra Mundial. Dialogando com a Missão Albany, a história tem como centro um sargento que precisa liderar o esquadrão de 13 homens durante a guerra, suspendendo as ações do inimigo. Apresentar o jogo em primeira pessoa é uma estratégia para criar empatia com os eventos reais e aumentar o drama do *game*.

Remetendo a uma época ainda mais antiga, Rome: Total War, de 2004, é um *game* de estratégia no qual o jogador tem a possibilidade de participar de batalhas históricas e fictícias durante a República Romana e o Império Romano, de 270 a.C até 14 d.C. É apontado como um dos melhores jogos de computador de todos os tempos, por conter contextos reais, estimular as habilidades técnicas e motoras, além de exigir o raciocínio lógico do jogador para avançar nas etapas do *game*.

A segunda categoria proposta por Burton (2005) refere-se ao *newsgame* que constitui uma ferramenta complementar, usada pelo jogador para se aprofundar em uma temática exposta previamente em uma reportagem.

Esse é um dos benefícios do jornalismo *on-line*. Se nas mídias tradicionais os jornalistas precisavam moldar a notícia para se adequar a determinado meio (impresso, televisão ou rádio), na *web* o repórter pode escolher quais mídias mais se adequam à história, unindo-as ou utilizando-as separadamente em plataformas digitais.

Sendo o *game* um complemento do material jornalístico, os jogos educativos permitem que o jogador aprenda ao lidar com um conjunto de regras ou procedimentos a fim de atingir a meta preestabelecida. Eles guardam uma importância social e cognitiva que extrapola um simples entretenimento ou diversão, voltado para todas as idades.

:: Exemplos de narrativas

O *site* da revista *SuperInteressante* é reconhecido pela produção de *newsgames* baseados em notícias factuais. Um exemplo é a reportagem especial "Ciência contra o crime" (R7, 2020), sobre a revolução na perícia criminal a partir da associação entre ciência e tecnologia. No *site* e na revista impressa, são abordadas informações sobre a polícia científica, bem como a respeito das inovações em investigações criminais, que são muito mais avançadas do que é representado na ficção.

O "Jogo da máfia", também desenvolvido pela *SuperInteressante*, é derivado de uma reportagem especial que contextualiza o funcionamento das máfias ao redor do mundo, suas formas de atuação em todos os continentes e a influência da globalização nesse cenário. O jogo é bastante entretenedor e parte de um assunto muito relevante socialmente.

Essa revista ainda criou outra modalidade, que não se baseia em notícias já produzidas, mas que levanta dados e informações dispostos exclusivamente no jogo. Esse foi o caso do *game* Filosofighters.

235 Os dispositivos móveis

A ideia surgiu em uma mesa de bar, em uma conversa entre o fotógrafo e a *designer* da redação, sobre a possibilidade de criarem um jogo de luta com filósofos. Em uma conversa posterior, a ideia foi amadurecida para um *newsgame*, considerando que haveria apuração de informações para proporcionar novos conhecimentos ao jogador.

O objetivo principal era apresentar os assuntos mais complexos da filosofia de forma simples e divertida para o público, bem diferente dos tradicionais jogos de luta, que normalmente agregam pouco conteúdo. Os jornalistas levantaram muitos dados, mas encontraram uma forma de equilíbrio. Afinal, era importante que não houvesse excesso de informações, mas era essencial para que o pensamento dos filósofos fosse exposto de modo acurado no jogo.

Em uma longa pesquisa bibliográfica, a equipe listou os filósofos mais relevantes para a história da humanidade e estudou formas de transformar seu pensamento em golpes durante as lutas. Além da parte conceitual, a equipe investiu na tecnologia, criando um *game* em 360°.

Ao todo, foram gerados conteúdos para quatro plataformas. Na revista, a edição impressa explicou a mecânica do jogo por meio de infográficos, para divulgar seu lançamento. O Tumblr foi utilizado para reunir imagens e frases famosas de cada filósofo, com a intenção de mostrar ao público quais figuras seriam encontradas no jogo. No Twitter, a redação criou um perfil para cada um dos filósofos, iniciando discussões que seriam "resolvidas" durante a luta. Por último, eles utilizaram o YouTube para publicar um *trailer* com a origem do desafio. O *newsgame* foi postado com um material de contextualização no *site* do veículo.

O *game* oferece a oportunidade de o jogador treinar suas habilidades antes de iniciar o jogo, como uma forma de estudar os pensamentos dos filósofos citados e entender qual seria o golpe ou a defesa mais adequada durante o jogo.

:: *Newsgames* e as narrativas multimídias e transmídias

Como citamos anteriormente, existem *newsgames* criados para complementar um conteúdo jornalístico presente em outras plataformas, bem como *newsgames* desenvolvidos para expor as informações em uma reportagem, mas sem novas abordagens. Nesses casos, podemos destacar as diferenças entre as narrativas transmídias e as narrativas multimídias.

Segundo Pierre Lévy (1999), o conceito de multimídia remete à apresentação de informações simultâneas em diferentes meios de comunicação. O objetivo é mesclar características visuais, sonoras, gráficas e textuais, a fim de compor um material mais completo e de fácil consumo.

Nesse contexto, as mídias recebem conteúdos semelhantes. Para ilustrar, vale lembrar que, no início do jornalismo *on-line*, as redações exploravam recursos multimídias, publicando na *web* notícias que haviam sido anteriormente divulgadas no impresso, mas sem necessariamente conterem novidades.

Henry Jenkins (2009) descreve a narrativa transmidiática como uma colaboração entre várias mídias. Na transmídia também há a participação do sonoro, do gráfico, do visual e do textual. O diferencial em relação ao multimídia é que cada um deles comporta uma abordagem diferente sobre o tema, complementando as demais mídias e ampliando a história.

Jenkins (2009) considera a transmídia uma estratégia comercial, como a franquia *Matrix*. O produto das irmãs Wachowski criou uma trilogia de filmes, expandida para a televisão, que ainda gerou romances e quadrinhos, além de *games*. Dentro de um grande enredo, cada uma das mídias apresenta uma parte da história, sendo complementares, mas não independentes.

É comum no jornalismo o emprego da técnica de estruturação de texto conhecida como *pirâmide invertida*. Nesse modelo, é priorizado um lide direto, com a disposição das informações em ordem decrescente. Assim, o mais importante e essencial no fato é que é exposto em primeiro lugar no texto, seguido de informações complementares.

Nas narrativas transmídias, porém, utiliza-se a técnica da pirâmide deitada: mesmo havendo uma estrutura aberta, ainda se explora a lógica do lide, priorizando-se as informações mais importantes. Entretanto, como várias mídias participam da construção da narrativa, é preciso segmentá-la, colocando um pouco do lide e das informações complementares em cada uma das plataformas.

Essa alternativa também é uma estratégia para não cansar o leitor com textos muito extensos, que dificilmente seriam lidos por completo. Por meio de *hiperlinks*, as mídias podem ser conectadas, dando ao leitor o poder de escolher se quer consumir o conteúdo completo ou se prefere se limitar ao que já foi consumido.

No caso dos *newsgames*, os desenvolvedores podem decidir se um jogo retratará uma história já contada a partir de um novo canal (multimídia) ou se fará uma abordagem ainda não destacada em outras mídias (transmídia).

:: Uso dos *newsgames* na imprensa brasileira

Seguindo as tendências mundiais de utilização de jogos educativos, a imprensa brasileira também investiu nesse campo. Isso se fez necessário diante do cenário de crise financeira dentro das redações, com corte de profissionais e busca por jornalistas com múltiplas habilidades, na procura do melhor custo-benefício.

Cada mídia guarda suas peculiaridades e exige que o jornalista desenvolva novas habilidades para explorar esse meio de comunicação da melhor forma possível. Uma vez que o meio *on-line* coadunou características da televisão, do rádio, do jornal e da revista, o profissional encontra o desafio de combinar as múltiplas habilidades exigidas por tais mídias. Independentemente da produção, o jornalista deve manter a credibilidade, o compromisso com a verdade, além de ser plural, apartidário e crítico.

Salaverría (2014) sublinha que um profissional competitivo deve aliar a escrita impecável e interessante com as técnicas gráficas e audiovisuais. Essa combinação possibilita a criação de reportagens mais atrativas ao público, mais fáceis de serem consumidas, principalmente em plataformas digitais.

Outra atribuição desse profissional se refere à capacidade de produzir um jornalismo especializado, isto é, focado em temáticas específicas, que por vezes eram ignoradas pelos grandes noticiários, mas que tomaram força com a internet.

Há de se considerar o relacionamento entre redação e leitor ou espectador, para adequar os materiais produzidos às demandas de um público cada vez mais conectado, participativo e exigente. Desse modo, o jornalista deixa de se preocupar apenas com o que é produzido dentro das redações dos grandes veículos de comunicação e passa a prestar atenção no que os novos produtores de conteúdo estão "informando" às pessoas.

Como não existe uma receita que garanta a sobrevivência financeira dos meios de comunicação, também não há um modelo perfeito para os veículos jornalísticos na *web*. De qualquer modo, podemos perceber que, na atualidade, para o meio *on-line* não é possível se suster apenas com apoio da publicidade, como faziam tradicionalmente as mídias.

:: *Newsgames* brasileiros

Assim como em outros países, os *newsgames* brasileiros podem conter novos dados e informações ou podem ser baseados em notícias já publicadas. Contudo, as equipes brasileiras costumam usar com mais frequência os personagens caricatos, bem como narrativas com uma boa dose de humor.

Citamos anteriormente algumas iniciativas do *site* da revista *Superinteressante*, que são conhecidas como pioneiras no segmento. No entanto, outros veículos também exploraram os *newsgames* para levar informação e entretenimento ao público.

Um exemplo é o Nanopops da política internacional, criado em 2007 pelo portal G1. Esse foi um dos primeiros jogos jornalísticos brasileiros. O objetivo era testar o conhecimento do jogador sobre política internacional, e o desafio era reconhecer os rostos dos principais líderes mundiais representados em caricaturas.

A página principal, antes de iniciar o jogo, apresentava perfis sobre os 12 políticos escolhidos e disponibilizava *links* para as reportagens de política internacional produzidas pelo veículo.

Em 2007, o *site* Mundo Estranho lançou o Stripquiz, que apresenta conceitos básicos de educação sexual. Inicialmente, eram mostradas informações importantes sobre o tema. Em seguida, o jogador respondia a um quiz, de múltipla escolha, com assuntos como DSTs e gravidez, e a cada resposta correta, a modelo do jogo tirava uma peça de roupa.

Ainda em 2007, a plataforma Aventuras na História criou o *game* Soviets: O Quebra-Cabeça Vermelho. Nesse ano, foram lembrados os 80 anos da Revolução Russa, e para não deixar a data passar em branco, o *site* lançou um especial dedicado ao tema. A partir de uma reportagem publicada na revista, os repórteres perceberam que o mapa da URSS somava mais de 100 grupos étnicos, em 15 repúblicas.

Em seguida, foi criado um grande infográfico que representava cada nação. O *game* acrescentava informações sobre a situação política atual de cada país e sua importância dentro da antiga União Soviética. O objetivo do jogo era encaixar os países nas áreas corretas.

Antes do já citado *game* Supercrise, o *Estadão* já havia explorado outros jogos nos formatos do clássico Supertrunfo. Lançado em 2009, o *game* Desafios dos Craques propunha duelos de jogadores que disputavam o Campeonato Brasileiro de Futebol naquele ano. O *game* comparava o desempenho dos atletas durante as partidas da competição. Na disputa, vencia o jogador que tivesse melhor desempenho na categoria escolhida.

O *site* IG também se aventurou pelo mundo dos *newsgames*. Com o tema do carnaval, o portal desenvolveu o jogo Como funciona a bateria da escola Grande Rio, em 2011. Por meio de um infográfico interativo, o jogador poderia comandar a bateria de uma escola de samba. O *game* era acompanhado de uma reportagem especial sobre a agremiação, a importância das alas que desfilavam na escola e a função de cada elemento da bateria.

Anunciado como o primeiro *newsgame* da Rede Globo, lançado em 2011, o Missão Bioma estimulava a defesa ambiental a partir da proteção dos seis biomas brasileiros – Amazônia, Cerrado, Caatinga, Pantanal, Mata Atlântica e Pampa. A narrativa envolvia conteúdos jornalísticos, testes de conhecimentos e um jogo inspirado no clássico Plants vs. Zombies. Em um tabuleiro virtual, o jogador tinha de gerenciar os recursos e fugir de ameaças, como tratores e bichos contaminados por poluição.

Também em 2011, a Rede RBS lançou o *game* Farroupilha: O Combate de Barro Vermelho. Criado para a celebração da Semana Farroupilha e inspirado no clássico Age of Empires, o jogo recriava uma das batalhas mais importantes dessa revolução. De volta ao passado, o jogador podia reviver a Batalha da Ponte da Azenha, que aconteceu em 1835, em Porto Alegre.

Pensar o jornalismo de forma linear, cartesiana e pragmática descontrói completamente o novo fazer jornalístico. Ainda que alguns elementos se mantenham intactos – como a apuração e a construção textual de uma notícia factual –, todos os mecanismos de suporte, veiculação e disseminação passaram por grandes transformações.

Principalmente para as novas gerações, o jornalismo precisa ser dinâmico, direto e atrativo. Diante dessa perspectiva, os veículos da mídia *mainstream* – e também as produções independentes e alternativas –, buscam formas inovadoras e de maior apelo para atrair o público. De *stories*[2] no Instagram à produção de jornalismo em história em quadrinhos, as demandas contemporâneas têm suscitado a criatividade dos produtores de conteúdo que, inclusive, já aderiram aos *games* como suporte para a transmissão da informação.

Seria o fim do jornal de papel? Qualquer resposta que se pretenda peremptória seria especulação: mas é certo que a redução na circulação dos jornais impressos é uma tendência. Quando o jornal inglês *The Independent*, um dos mais importantes do Reino Unido, deixou de publicar sua versão impressa, em março de 2016, a revista *Veja* (2016) analisou como outros veículos – como o *El País*, o *The Washington Post* e o *The New York Times* –, apesar de relevantes e com uma vendendável expressiva, também tentavam encontrar estratégias para sobreviver à modernização da mídia.

> O fim do papel, porém, não significa que o apetite por consumir notícias diminuiu. Pelo contrário. Mais empresas estão

---

[2] Conteúdos veiculados no Instagram – rede social dedicada a imagens e vídeos curtos – que ficam disponíveis por apenas 24 horas. Os *stories* podem apresentar vídeos, músicas, textos ou fotos, e cada usuário escolhe o que quer disponibilizar. A instaneidade e a volatilidade do que é produzido demonstra a evanescência da informação, já que não é mais produzida para durar.

entrando no mercado da comunicação, especialmente as grandes companhias de tecnologia. Google News, Apple News e Instant Articles do Facebook são algumas das apostas que prometem mexer com o setor. (Veja, 2016)

Fica expresso na matéria, portanto, que a partir das exigências de novas estruturas, o jornalismo tende a se reinventar e buscar soluções para os impasses que os novos tempos colocam no horizonte dos profissionais da comunicação.

Síntese

Neste capítulo, comentamos que a sociedade pode ser dividida, segundo Marc Prensky (Guimarães, 2010), entre nativos digitais e imigrantes digitais. Independentemente da idade em que o primeiro contato com o mundo digital foi realizado, é preciso haver atualização e adaptação constantes e adequadas à tecnologia e aos impactos que ela tem sobre a comunicação, a educação e outros segmentos.

No jornalismo, a internet, as redes de computadores e os dispositivos móveis promovem um vasto conjunto de benefícios e inovações, contribuindo inclusive com o desenvolvimento de novos formatos jornalísticos. Alguns exemplos são as reportagens multimídias e transmídias, o uso da realidade virtual e até em 360°. Outra inovação foi a expansão para as possibilidades de associação de jogos como forma de complementar informações jornalísticas, com a criação dos *newsgames*. Os jogos associados às notícias são uma ferramenta muito explorada nacional e internacionalmente, como uma estratégia para reter a atenção do público, de forma lúdica e informativa.

Todas essas inovações criaram a demanda por profissionais plurais, capacitados para lidar com as diferentes plataformas, narrativas e tecnologias, focando sempre em novas formas de atrair o público e manter a rentabilidade nos veículos de comunicação.

Questões para revisão

1. Segundo o escritor americano Marc Presky (Guimarães, 2010), a sociedade pode ser dividida entre nativos digitais e imigrantes digitais. Qual é o significado desses termos e a diferença entre os dois grupos?

2. O mundo virtual e os dispositivos móveis geraram uma série de mudanças para os jornalistas dentro da redação, inclusive com a criação de novos formatos jornalísticos. Cite algumas inovações no ambiente jornalístico e os formatos desenvolvidos com o auxílio da tecnologia.

3. Sobre a tecnologia e os novos formatos jornalísticos, assinale a alternativa correta:
    a) Apesar de possibilitar uma comunicação mais acessível, os *smartphones* aumentaram os custos e a velocidade da comunicação.
    b) O conceito de multimídia remete à apresentação de informações simultâneas em diferentes meios de comunicação. O objetivo é mesclar características visuais, sonoras,

gráficas e textuais, a fim de compor um material mais completo e de fácil consumo.

c) Multimídia e transmídia, definidos por Lévy (1999) e Jenkins (2009), respectivamente, podem ser analisados como sinônimos, visto que ambos exploram narrativas jornalísticas em diferentes mídias e plataformas.

d) O jornalismo digital e a convergência multimidiática tornaram a experiência do público mais acessível e ao mesmo tempo mais incompleta, visto que alguns recursos e formatos utilizados visam apenas ao entretenimento, sem oferecer informação de qualidade.

e) As informações *on-line* são consumidas apenas pelo público jovem, visto que os idosos, entendidos como imigrantes digitais, não buscam essas ferramentas como meio de informação.

4. Leia as assertivas, a seguir, sobre os *newsgames* e classifique-as como verdadeiras (V) ou falsas (F):

( ) Especialistas questionam se a utilização de jogos associados ao jornalismo ou à educação realmente contribui positivamente em processos de aprendizagem de conhecimento e divulgação de informações, por estes estarem relacionados com brincadeiras e diversão.

( ) Os *tabloid games* são construídos com o intuito de expor a linha editorial e o posicionamento do veículo com relação a determinadas temáticas para o leitor/jogador.

( ) Os *newsgames* sempre devem contar com conteúdos e cenários reais, sem a possibilidade de usar a ficção como ferramenta lúdica.

( ) Os *reportage documentary games*, que associam os jogos e o jornalismo de forma mais relevante, costumam ter uma produção mais demorada em comparação com as demais, com uma mecânica mais elaborada, para ampliar a abordagem sobre determinada temática e sua compreensão pelo leitor/jogador.

Agora, assinale a alternativa que apresenta a sequência correta de preenchimento dos parênteses, de cima para baixo:

a) V, V, V, V.
b) F, F, F, V.
c) V, F, F, V.
d) V, V, F, V.
e) F, V, V, F.

5. Na narrativa de um *newsgame*, pode-se associar o lide jornalístico com as etapas de construção do jogo. A esse respeito, avalie as proposições a seguir:

I) Ao pensar na história, deve-se apresentar o fato ocorrido, com início, meio e fim, detalhando a história e respondendo à pergunta "O quê?" do lide jornalístico. Em seguida, deve-se sinalizar se o material é derivado de alguma reportagem jornalística ou se será um *newsgame* independente sobre uma temática factual.

II) Ao pensar nos objetivos, o produtor deve levar em conta os propósitos do jogo, como os objetivos do personagem principal, o contexto em que está inserido e o público-alvo do material. Nessa etapa, deve-se responder ao "Como?", para identificar a relevância do *newsgame* como um complemento à reportagem jornalística ou sua existência independente para discutir determinado assunto.

III) Na formatação dos jogos, a construção dos personagens corresponde à pergunta "Quem?" do lide jornalístico. Devem ser pensadas as características físicas do personagem principal, suas habilidades, as alterações que ele pode sofrer ao longo da narrativa e sua relevância para o jogo. É recomendado que o personagem principal do *newsgame* esteja envolvido na notícia principal que deu origem ao jogo.

IV) A etapa de equipe e *deadline* está entre as principais fases da organização do projeto. Nesse momento, serão definidas as metas, a quantidade de pessoas e especialidades envolvidas e o tempo disponível. A equipe mínima normalmente contém um jornalista (para apurar o conteúdo e desenvolver a reportagem principal que guiará o *newsgame*), um artista (responsável pelo *design* do projeto, na criação dos elementos visuais) e um programador (a quem cabe unir informação e *design* de forma codificada em um *software*).

Estão corretas apenas as afirmativas:

a) I, II e III.
b) I, II, III e IV.

c) I, III e IV.
d) II, III e IV.
e) I, II, e IV.

Questões para reflexão

1. Que formatos podem ser desenvolvidos futuramente para atrair a atenção do público para as informações jornalísticas, ampliando a visibilidade dos jornais éticos e o financiamento desses materiais?

2. Pensando no crescente consumo de informação *on-line* pelo público idoso, que formatos seriam assertivos, considerando o fato de serem imigrantes digitais?

3. Analisando a tendência de desenvolvimento de conteúdos no ambiente *on-line*, deve-se considerar a possibilidade do fim das plataformas *off-line*, como o jornal impresso, por exemplo?

Estudo de caso

No decorrer do livro, apresentamos os elementos que formam a narrativa e mostramos a importância de se compreender a estrutura da narrativa. Isso é relevante para a construção de boas histórias, que não apenas atendam aos critérios de elaboração do texto, mas que também sejam atraentes o suficiente para prender a atenção do leitor.

Entre os elementos de uma narrativa, ainda que tempo e espaço tenham relevo, enredo, personagens e foco narrativo sobressaem. O enredo se impõe na medida em que é por meio dele que a história é contada. Nele, os personagens de maior e menor importância são introduzidos e adequados à trama, em uma estrutura muito bem sistematizada, com início, meio e fim, repleta de conflitos. Estes, aliás, constituem o elemento que garante a capilaridade da narrativa. O enredo, por fim, desemboca no clímax, que leva à conclusão da história.

Os personagens, por sua vez, dão vida à história. É claro que a narrativa pode ser um monólogo – nesse caso, com apenas um personagem na trama –, mas via de regra as histórias costumam apresentar mais de um personagem, e a criatividade do autor é que pode fazer essas figuras enriquecerem a trama. Toda narrativa tem personagens que se destacam mais do que outros. No entanto, não são raras as tramas que apresentam personagens transitórios, com pouca participação na história, mas que pelos mais diferentes motivos conseguem se destacar. Logo, não são apenas os protagonistas ou os personagens principais que garantem um enredo bem-elaborado.

A respeito do foco narrativo, pode-se contar uma história de diferentes formas. É bem verdade que, costumeiramente, narrador e autor não são a mesma pessoa, ou seja, o autor, vivendo no mundo real, cria um narrador-personagem para contar a história que está se desenvolvendo. Contudo, existem exceções, e o jornalismo literário é uma vertente do jornalismo que permite que o autor da história se insira na trama, conferindo a si mesmo uma importância maior ou menor. O narrador pode surgir em primeira pessoa – sendo o personagem principal da história ou uma testemunha desta – ou em terceira pessoa – quando o narrador não participa da trama, podendo ser observador ou onipresente/onisciente.

O livro *A sangue frio*, de Truman Capote, é um clássico exemplo de jornalismo literário. Narrada em terceira pessoa e extremamente rica em detalhes, a obra foi resultado de uma extensa reportagem a respeito do assassinato de uma família no interior dos Estados Unidos. Para seu desenvolvimento, foram necessários seis anos de pesquisa, além do envolvimento com os dois indivíduos que cometeram o crime e foram condenados. Esse envolvimento ocorreu por meio de uma série de entrevistas que aconteceram quando já se encontravam presos, à espera do cumprimento da sentença de morte.

Fazemos a você, então, o convite de se aventurar em uma análise estrutural dessa obra (ou outra que eleja) considerando os aspectos que abordamos ao longo deste livro. Agora é com você!

(251) Considerando os principais elementos que formam uma narrativa e a importân;ia de se construir uma trama que seja atraente para quem está lendo, assistinde o ou mesmo ouvindo, de que forma você poderia escrever uma trama similar à A sangue frio, mas que fugisse às características do jornalismo literário?

Considerações finais

Terminar um livro não é encerrar uma jornada, mas embarcar em uma nova viagem. Ao longo dos sete capítulos que dão corpo a essa obra, pensamos juntos sobre os novos caminhos da comunicação, os quais nos levarão a experimentar novas ferramentas e dispositivos distintos com um único e mesmo fim: transmitir uma informação, sempre de forma ética e com responsabilidade.

No decorrer do livro, registramos que a evolução tecnológica promoveu o surgimento de novas plataformas e suportes que aprimoraram as narrativas, permitindo a articulação entre texto, imagem e som. Nesse processo, a computação gráfica deu suporte para a criação, a produção e a edição das narrativas. Contudo, a arte de contar boas histórias segue sendo uma capacidade criativa humana, como ocorria nos primórdios, quando as histórias dependiam somente da oralidade de bons narradores para serem transmitidas de geração para geração.

Se a evolução natural da tecnologia permitiu produzir narrativas mais atrativas, que agradam um público consumidor cada vez mais midiático, também apresenta um grande desafio para nós, jornalistas: a concorrência com as notícias falsas, as chamadas *fake news*. Produzidas por portais de comunicação de conteúdo duvidoso, muitas vezes escritas e disseminadas por robôs, que as compartilham por meio das redes sociais, essas falsas notícias não só provocam desinformação, mas também colocam em xeque a atividade jornalística, visto que parte da opinião pública se mostra incapaz de diferenciar uma notícia falsa de uma narrativa verdadeira. Tal fenômeno reforça a necessidade do jornalismo produzir conteúdos narrativos pautados na excelência e na veracidade.

Como expresso no prefácio deste livro, é da natureza do ser humano, desde seus primórdios, o desejo de narrar, de representar o real. Então, o desafio a ser enfrentado pelas próximas gerações de jornalistas é continuar produzindo narrativas que primem pela qualidade da informação, independentemente do suporte existente.

Para tanto, é fundamental que pensemos o jornalismo como um elemento cotidiano; afinal, a notícia – a informação – está ao alcance do leitor praticamente 24 horas por dia, fazendo da nossa profissão um ato de responsabilidade e criticidade, necessário para lermos um mundo em perpétua mudança.

Referências

ABI – Associação Brasileira de Imprensa. **Em três anos, jornais perdem 520 mil exemplares no Brasil**. 31 jan. 2018. Disponível em: <http://www.abi.org.br/em-3-anos-jornais-perdem-520-mil-exemplares-no-brasil/>. Acesso em: 9 dez. 2020.

ADORNO, T. W.; HORKHEIMER, M. **Dialética do esclarecimento**: fragmentos filosóficos. Rio de Janeiro: J. Zahar, 2014.

AGÊNCIA BRASIL. **Mais de 60% das crianças ainda não foram vacinadas contra a pólio**. 26 out. 2020. Disponível em: <https://agenciabrasil.ebc.com.br/saude/noticia/2020-10/mais-de-60-das-criancas-ainda-nao-foram-vacinadas-contra-polio>. Acesso em: 9 dez. 2020.

AGÊNCIA IBGE NOTÍCIAS. **PNAD Contínua TIC 2017**: internet chega a três em cada quatro domicílios do país. Estatísticas sociais. 20 dez. 2018a. Disponível em: <https://agenciadenoticias.ibge.gov.br/agencia-sala-de-imprensa/2013-agencia-de-noticias/releases/23445-pnad-continua-tic-2017-internet-chega-a-tres-em-cada-quatro-domicilios-do-pais>. Acesso em: 9 dez. 2020.

AGÊNCIA IBGE NOTÍCIAS. **Número de idosos cresce 18% em 5 anos e ultrapassa 30 milhões em 2017**. 26 abr. 2018b. Disponível em: <https://agenciadenoticias.ibge.gov.br/agencia-noticias/2012-agencia-de-noticias/noticias/20980-numero-de-idosos-cresce-18-em-5-anos-e-ultrapassa-30-milhoes-em-2017>. Acesso em: 9 dez. 2020.

AGOSTINI, A. **As aventuras de Nhô-Quim e Zé Caipora**: os primeiros quadrinhos brasileiros – 1869-1883. Brasília: Senado Federal, Conselho Editorial, 2013.

AMPUDIA, R. Carros autônomos enfrentam dilemas éticos em situações de risco. **Folha de S.Paulo**. 26 out. 2018. Disponível em: <https://www1.folha.uol.com.br/ciencia/2018/10/carros-autonomos-enfrentam-dilemas-eticos-em-situacoes-de-risco.shtml>. Acesso em: 9 dez. 2020.

ANAZ, S. A. L. A questão do entretenimento: o sucesso do infotenimento na crítica visual. **Estudos em Jornalismo e Mídia**, v. 15, n. 1, p. 142-151, jan./jun. 2018. Disponível em: <https://periodicos.ufsc.br/index.php/jornalismo/article/view/1984-6924.2018v15n1p142/37301>. Acesso em: 9 dez. 2020.

ANDERSON, C. **TED Talks**: o guia oficial do TED para falar em público. Rio de Janeiro: Intrínseca, 2016.

ANDERSON, C. W.; BELL, E.; SHIRKY, C. Jornalismo pós-industrial: adaptação aos novos tempos. **Revista de Jornalismo ESPM**, v. 2, n. 5, p. 30-89, abr./jun. 2012.

ASSIS, E. **Maus, 30 anos**. 29 ago. 2016. Disponível em: <http://www.blogdacompanhia.com.br/conteudos/visualizar/Maus-30-anos>. Acesso em: 9 dez. 2020.

AZEVEDO, A. **O cortiço**. 2. ed. Brasília: Câmara dos Deputados/Edições Câmara, 2019. E-book.

AZEVEDO, C. C. de. A formação e o desenvolvimento do romance. **Cadernos do IL**, Porto Alegre, n. 47, p. 104-122, dez. 2013. Disponível em: <https://seer.ufrgs.br/cadernosdoil/article/view/40195/27992>. Acesso em: 9 dez. 2020.

BARROS, C.; MAIA, Á. **A história de Jaílson, um operário da Copa**. 14 jul. 2014. Disponível em: <https://apublica.org/2014/07/a-historia-de-jailson-um-operario-da-copa>. Acesso em: 9 dez. 2020.

BENSIMON, C. Saga revolucionária de um homem medíocre. **Bravo**, n. 151, maio 2010.

BOGOST, I.; FERRARI, S.; SCHWEIZER, B. **Newsgames Journalism at Play**. Massachusetts: Massachusetts Institute of Technology, 2010.

BRIGGS, A.; BURKE, P. **Uma história social da mídia**: de Gutemberg à internet. 2. ed. rev. e ampl. Rio de Janeiro: J. Zahar, 2006.

BRUM, E. **Brasil, construtor de ruínas**: um olhar sobre o país, de Lula a Bolsonaro. Porto Alegre: Arquipélago Editorial, 2019.

BURTON, J. News-Game Journalism: History, Current Use and Possible Futures. **Australian Journal of Emerging Technologies and Society**, Melbourne, v. 3, n. 2, p. 87-99, 2005. Disponível em: <http://citeseerx.ist.psu.edu/viewdoc/download;jsessionid=424651EC32F17D02109290C76DF31EF3?doi=10.1.1.84.3360&rep=rep1&type=pdf>. Acesso em: 9 dez. 2020.

CAMPBELL, J. **O herói de mil faces**. São Paulo, Cultrix, 1989.

CAMPOS, P. C. O texto interpretativo. **Observatório da Imprensa**, n. 166, 3 abr. 2002. Disponível em: <http://www.observatoriodaimprensa.com.br/primeiras-edicoes/o-texto-interpretativo/>. Acesso em: 9 dez. 2020.

CAMPOS, R. **Imageria**: o nascimento das histórias em quadrinhos. São Paulo: Veneta, 2015.

CAPOTE, T. **A sangue frio**: relato verdadeiro de um homicídio múltiplo e suas consequências. São Paulo: Companhia das Letras, 2003.

CENTRE CULTUREL SUISSE. **Cinéma suisse d'animation**. Disponível em: <https://ccsparis.com/event/cinema-suisse-d-animation>. Acesso em: 9 dez. 2020.

CGI.BR. **Cresce o uso da Internet em atividades multimídia entre crianças e adolescentes**. 17 set. 2019. Disponível em: <https://www.cgi.br/noticia/releases/cresce-uso-da-internet-em-atividades-multimidia-entre-criancas-e-adolescentes>. Acesso em: 9 dez. 2020.

DI GIACOMO, F. Primeiro newsgame da história ("Round The World with Nellie Bly") retratava volta ao mundo de pioneira do jornalismo feminino. **Super Interessante**, 21 dez. 2016. Disponível em: <https://super.abril.com.br/blog/newsgames/primeiro-newsgame-da-historia-8220-round-the-world-with-nellie-bly-8221-retratava-volta-ao-mundo-de-pioneira-do-jornalismo-feminino/>. Acesso em: 9 dez. 2020.

EGO. **Francisco Cuoco dá tchauzinho antes de assistir peça**. 8 mar. 2010. Disponível em: <http://ego.globo.com/Gente/Noticias/0,,MUL1521151-9798,00-FRANCISCO+CUOCO+DA+TCHAUZINHO+ANTES+DE+ASSISTIR+PECA.html>. Acesso em: 9 dez. 2020.

EXAME. **Nissan faz viagem mais longa e complexa com carro autônomo do Reino Unido**. 5 fev. 2020. Disponível em: <https://exame.com/negocios/nissan-faz-viagem-mais-longa-e-complexa-com-carro-autonomo-do-reino-unido>. Acesso em: 9 dez. 2020.

FÁBIO, A. C. O que é 'pós-verdade', a palavra do ano segundo o dicionário da Universidade de Oxford. **Nexo**, 16 nov. 2016. Disponível em: <https://www.nexojornal.com.br/expresso/2016/11/16/O-que-%C3%A9-%E2%80%98p%C3%B3s-verdade%E2%80%99-a-palavra-do-ano-segundo-a-Universidade-de-Oxford>. Acesso em: 9 dez. 2020.

FAÍLLA, Z. **Retratos da leitura no Brasil**. Rio de Janeiro: Sextante, 2016. v. 4.

FECOMÉRCIO-RJ. **Pesquisa de Mercado**: uso da internet – consumidor Brasileiro. Outubro de 2017. Disponível em: <http://www.fecomercio-rj.org.br/sites/default/files/fecomercio-rio/files/pagina_arquivo/relatcrio_internet.pdf>. Acesso em: 9 dez. 2020.

FELITTI, C. "Fofão da Augusta? Quem me chama assim não me conhece". **BuzzFeed.News**, 27 out. 2017. Disponível em: <https://www.buzzfeed.com/br/felitti/fofao-da-augusta-quem-me-chama-assim-nao-me-conhece>. Acesso em: 9 dez. 2020.

FERNANDES, I. Comunitiras. **Comunicare**, Curitiba, n. 309, p. 2, 2018. Disponível em: <https://issuu.com/jornal_pucpr/docs/comunicare309>. Acesso em: 9 dez. 2020.

FERRARI, P. **Jornalismo digital**. 4. ed. São Paulo: Contexto, 2014.

FIELD, S. **Manual do roteiro**. Rio de Janeiro: Objetiva, 1995.

FILIPPIN, N.; BORGES, T. s/dpgAs infâncias perdidas e o desafio de combater a pedofilia. **Comunicare**, 16 nov. 2017. Disponível em: <https://www.portalcomunicare.com.br/as-infancias-perdidas-e-o-desafio-de-combater-a-pedofilia/>. Acesso em: 9 dez. 2020.

FLAUBERT, G. **Madame Bovary**. São Paulo: Penguin Classics/Companhia das Letras, 2014.

FOUCAULT, M. **A ordem do discurso**. São Paulo: Paulus, 2010.

FRANCIS, P. Patrulhas do Lula. In: FRANCIS, P. **Diários da corte**. São Paulo: Três Estrelas, 2012a. p. 35-40.

FRANCIS, P. Truman Capote: criador do romance moderno da literatura americana. In: FRANCIS, P. **Diários da corte**. São Paulo: Três Estrelas, 2012b. p. 152-158.

GANCHO, C. V. **Como analisar narrativas**. 9. ed. São Paulo: Ática, 2006.

GUIMARÃES, C. Marc Prensky: "O aluno virou o especialista". **Época**, 8 jul. 2010. Ciência e tecnologia. Disponível em: <http://revistaepoca.globo.com/Revista/Epoca/0,,EMI153918-15224,00-MARC+PRENSKY+O+ALUNO+VIROU+O+ESPECIALISTA.html>. Acesso em: 9 dez. 2020.

GUIMARÃES ROSA, J. Fatalidade. In: GUIMARÃES ROSA, J. **Primeiras estórias**. Rio de Janeiro: Nova Fronteira, 2001. p. 86-88.

HALL, S. **A identidade cultural na pós-modernidade**. Rio de Janeiro: DP&A, 2011.

HAMZE, A. **O jogo educativo como fato social**. 16 mar. 2015. Disponível em: <https://ead.pti.org.br/ntm/mod/forum/view.php?id=39>. Acesso em: 9 dez. 2020.

HAN, B.-C. **Sociedade da transparência**. Petrópolis: Vozes, 2017.

HOOTSUITE. **The global state of digital in 2018**: from Argentina to Zambia. Disponível em: <https://hootsuite.com/pt/pages/digital-in-2018>. Acesso em: 9 dez. 2020.

INGENIEROS, J. **O homem medíocre**. Curitiba: Livraria do Chain, 2011.

INSIDE DISASTER. **Simulation**: Inside the Haiti Earthquake. Disponível em: <http://insidedisaster.com/haiti/experience>. Acesso em: 9 dez. 2020.

ISTOÉ. **Jornalismo em formato de HQ ganha espaço com obras brasileiras e estrangeiras**. 23 dez. 2018. Disponível em: <https://istoe.com.br/jornalismo-em-formato-de-hq-ganha-espaco-com-obras-brasileiras-e-estrangeiras/>. Acesso em: 9 dez. 2020.

JENKINS, H. **Cultura da convergência**. São Paulo: Aleph, 2009.

KANT, I. **Crítica da razão prática**. São Paulo: Martins Fontes, 2016.

LE GOFF, J. **História e memória**. Campinas: Ed. da Unicamp, 1990.

LEITE, L. C. M. **O foco narrativo (ou a polêmica em torno da ilusão)**. 10. ed. São Paulo: Ática, 2002.

LÉVY, P. **As tecnologias da inteligência**. 2. ed. Rio de Janeiro: Ed. 34, 2010.

LÉVY, P. **Cibercultura**. São Paulo: Ed. 34, 1999.

LICORY, M. Beatriz Milhazes: uma entrevista com a artista brasileira mais valorizada no mundo. **Glamurama**, 29 ago. 2013. Disponível em: <https://glamurama.uol.com.br/beatriz-milhazes-uma-entrevista-com-a-artista-brasileira-mais-valorizada-no-mundo/>. Acesso em: 9 dez. 2020.

MACHADO DE ASSIS, J. M. **Memórias póstumas de Brás Cubas**. São Paulo: Penguin Classics/Companhia das Letras, 2014.

MACHADO DE ASSIS, J. M. **Quincas Borba**. São Paulo: Penguin Classics/Companhia das Letras, 2013.

MARCIANO, C. Newsgames, por onde começar? Como planejar um GDD para os jogos jornalísticos. In: SBGAMES, 16., 2017, Curitiba. **Anais...** Disponível em: <https://www.sbgames.org/sbgames2017/papers/Tutoriais/176369.pdf>. Acesso em: 9 dez. 2020.

MARCONDES FILHO, C. **Comunicação e jornalismo**: a saga dos cães perdidos. São Paulo: Hacker Editores, 2000.

MASTROCOLA, V. M. **Doses lúdicas**: breves textos sobre o universo dos jogos e entretenimento. São Paulo: Independente, 2013.

MATTELART, A.; MATTELART, M. **História das teorias da comunicação de massa**. São Paulo: Loyola, 1999.

MCLUHAN, M. **Os meios de comunicação como extensão do homem**. São Paulo: Cultrix, 2005.

MOISÉS, M. **A criação literária**: prosa 1. São Paulo: Cultrix, 2006.

NOBLAT, R. **A arte de fazer um jornal diário**. São Paulo: Contexto, 2012.

NOBRU, B.; BARROS, C.; FALAS, J. **A execução de Ricardo**. 31 jul. 2017. Disponível em: <https://apublica.org/2017/07/hq-ricardo-silva-executado-pela-pm>. Acesso em: 9 dez. 2020.

NYBERG, A. K. **The Comics Code of 1954**: Code of The Comics Magazine Association of America, Inc. Disponível em: <http://cbldf.org/the-comics-code-of-1954/>. Acesso em: 9 dez. 2020.

OLIVEIRA, S. **Realismo na literatura brasileira**. Curitiba: Iesde, 2008.

PENA, F. **Jornalismo literário**. São Paulo: Contexto, 2006.

PUBLISHNEWS. **Lista de mais vendidos de não ficção de 2015**. Disponível em: <https://www.publishnews.com.br/ranking/anual/13/2015/0/0>. Acesso em: 9 dez. 2020.

PUCRS. **Roger Scruton reflete sobre o sentido da vida**. 2 jul. 2019. Disponível em: <https://www.pucrs.br/politecnica/2019/07/02/76866/>. Acesso em: 9 dez. 2020.

QUEIROZ, R. de C. R. de. **A informação escrita**: do manuscrito ao texto virtual. Disponível em: <http://www.ufrgs.br/limc/escritacoletiva/pdf/a_info_escrita.pdf>. Acesso em: 9 dez. 2020.

R7. **Ciência contra o crime**. Disponível em: <https://recordtv.r7.com/jornal-da-record/series/ciencia-contra-o-crime-29092018>. Acesso em: 9 dez. 2020.

RAMOS, G. **São Bernardo**. Rio de Janeiro: Record, 1988.

RAMOS, G. **Vidas secas**. Rio de Janeiro: Record, 2002.

RETÓRICA. In: **Dicionário Brasileiro da Língua Portuguesa Michaelis**. Disponível em: <https://michaelis.uol.com.br/moderno-portugues/busca/portugues-brasileiro/ret%C3%B3rica/>. Acesso em: 9 dez. 2020.

RIBEIRO, J. H. **O repórter do século**. São Paulo: Geração Editorial, 2006.

ROGERS, E. M. **Diffusion of innovations**. 5. ed. New York: The Free Press, 2003.

RUIC, G. O streaming está derrubando os cinemas (e a pirataria), revela pesquisa. **Exame**. 11 abr. 2018. Disponível em: <https://exame.com/blog/sobre-filmes-e-series/o-streaming-esta-derrubando-os-cinemas-e-a-pirataria-revela-pesquisa>. Acesso em: 9 dez. 2020.

SALAVERRÍA, R. Multimedialidade: informar para cinco sentidos. In: CANAVILHAS, J. (Org.). **Webjornalismo**: 7 caraterísticas que marcam a diferença. Covilhã, Portugal: LabCom, 2014, p. 27-54.

SARTRE, J.-P. **O ser e o nada**. 24. ed. Petrópolis: Vozes, 2015.

SATRAPI, M. "Diziam que estava usando símbolos da 'decadência ocidental'". **G1**, 23 maio 2007. Entrevista. Disponível em: <http://g1.globo.com/Noticias/Cinema/0,,MUL41206-7086,00-DIZIAM+QUE+ESTAVA+USANDO+SIMBOLOS+DA+DECADENCIA+OCIDENTAL.html>. Acesso em: 9 dez. 2020.

SILVA, C. E. de M. Experiência com jogos digitais e causas sérias. **Contemporânea**, Rio de Janeiro, v. 7, n. 11, p. 74-84, jul./dez. 2008. Disponível em: <http://www.contemporanea.uerj.br/pdf/ed_11/contemporanea_n11_74_carloseduardo.pdf>. Acesso em: 9 dez. 2020.

SILVA, R. R. Brasil é o segundo país do mundo a passar mais tempo na internet. **Canal Tech**, 1º fev. 2019. Disponível em: <https://canaltech.com.br/internet/brasil-e-o-segundo-pais-do-mundo-a-passar-mais-tempo-na-internet-131925/>. Acesso em: 9 dez. 2020.

SPINELLI, E. M. Tipos de inovação nas empresas informativas e a relevância da dimensão social. **Contemporânea: Comunicação e Cultura**, v. 15, n. 1, p. 64-80, 2017. Disponível em: <https://portalseer.ufba.br/index.php/contemporaneaposcom/article/view/21502/14434>. Acesso em: 9 dez. 2020.

SOSTER, D. de A.; PICCININ, F. Q. Narrativas literárias no jornalismo impresso diário: o caso dos jornais Zero Hora e Gazeta do Sul. **Brazilian Journalism Research**, v. 10, n. 1, p. 128-149, 2014. Disponível em: <https://bjr.sbpjor.org.br/bjr/article/view/533/528>. Acesso em: 9 dez. 2020.

SOUSA, J. P. **Elementos de jornalismo impresso**. Porto, 2001. Disponível em: <http://www.bocc.ubi.pt/pag/sousa-jorge-pedro-elementos-de-jornalismo-impresso.pdf>. Acesso em: 9 dez. 2020.

SUZUKI JR., M. Posfácio. In: CAPOTE, T. **A sangue frio**. São Paulo: Companhia das Letras, 2003. p. 332-340.

TALESE, G. Gay Talese: "O jornalismo está se tornando preguiçoso". **Sul 21**, 11 abr. 2011. Entrevista concedida a Fernando de Oliveira e Thiago Maurique. Disponível em: <https://www.sul21.com.br/noticias/2011/04/gay-talese-%E2%80%9Co-jornalismo-esta-se-tornando-preguicoso%E2%80%9D/>. Acesso em: 9 dez. 2020.

TALESE, G. **O reino e o poder**. São Paulo: Companhia das Letras, 2000.

TREVISAN, D. Ipês. In: TREVISAN, D. **O beijo na nuca**. Rio de Janeiro: Record, 2015. p. 13.

VALENTE, J. Brasil tem 134 milhões de usuários de internet, aponta pesquisa. **Agência Brasil**, 26 maio 2020. Geral. Disponível em: <https://agenciabrasil.ebc.com.br/geral/noticia/2020-05/brasil-tem-134-milhoes-de-usuarios-de-internet-aponta-pesquisa>. Acesso em: 9 dez. 2020.

VALENTE, J. Sete em cada dez brasileiros acessam a internet, diz pesquisa. **Agência Brasil**, 28 ago. 2019. Geral. Disponível em: <https://agenciabrasil.ebc.com.br/geral/noticia/2019-08/sete-em-cada-dez-brasileiros-acessam-internet-diz-pesquisa>. Acesso em: 9 dez. 2020.

VEJA. **"The Independent" revela realidade global**: o fim do jornal impresso. 6 abr. 2016. Economia. Disponível em: <https://veja.abril.com.br/economia/the-i dependent-revela-realidade-global-o-fim-do-jornal-impresso/>. Acesso em: 9 dez. 2020.

VERISSIMO, L. F. O conselheiro. In: VERÍSSIMO, L. F. **Diálogos impossíveis**. Rio de Janeiro: Objetiva, 2012. p. 13.

VITRAL, R. **Papo com Chris Ware**. 24 set. 2013. Disponível em: <https://www.vitralizado.com/chris-ware/papo-com-chris-ware/>. Acesso em: 9 dez. 2020.

ZEMEL, T. **Web design responsivo**: páginas adaptáveis para todos os dispositivos. São Paulo: Casa do Código, 2012.

Respostas

Capítulo 1

Questões para revisão

1. A narração parte sempre de um emissor que construiu o pensamento ou está retransmitindo o pensamento de outro. De todo modo, em ambas as situações, subjaz uma intencionalidade do emissor, e, dependendo de como esse discurso é apresentado, ele revela uma função distinta. No jornalismo, as funções são informar, interpretar e entreter. Informar tem relação direta com a garantia de que leitores, ouvintes e telespectadores tomem conhecimento do que está ocorrendo a sua volta, bem como no restante do planeta, o que se dá por meio de uma notícia, por exemplo. Já interpretar exige que quem esteja construindo o pensamento tenha um domínio satisfatório a respeito do tema que está sendo apresentado, ou seja, é preciso que o jornalista apresente alternativas, proponha caminhos, aponte soluções, como no caso de reportagens feitas em profundidade. Por fim, entreter, no jornalismo, tem ligação direta com o infotenimento, uma mescla de informação com entretenimento por meio da produção de notícias consideradas menos densas, mas sempre acompanhadas por uma análise crítica, para garantir a credibilidade e que se evite o sensacionalismo.
2. O conto é um texto curto de fácil entendimento, e seu enredo é dividido em introdução, desenvolvimento e conclusão. A novela, por sua vez, tem uma pluralidade dramática, identificada pela existência de uma narrativa que apresenta vários enredos e também sucessividade; por isso, a história é contada de forma sequencial, ordenadamente, mas com a possibilidade de se alterar essa lógica, até mesmo para garantir certa imprevisibilidade.

3. b
4. d
5. c

Capítulo 2

Questões para revisão

1. Foco narrativo é um elemento indispensável à narrativa, pois é por meio dele que o narrador faz o relato, podendo ser em primeira pessoa (quando o narrador é também personagem) ou em terceira pessoa (quando o narrador não participa dos acontecimentos).
2. O protagonista é o personagem principal da trama, podendo ser o herói, identificado como um indivíduo que apresenta um conjunto de características que o distingue como superior aos demais indivíduos, ou anti-herói, que costuma ter falhas de caráter, honradez e ética. Já o antagonista é o personagem que rivaliza diretamente com o protagonista, seja por querer tomar o lugar deste na trama ou por divergências de personalidade. De uma forma ou de outra, o antagonista costuma ser o vilão da história, pois é quem provoca o conflito ou busca prejudicar o herói (ou anti-herói).
3. a
4. e
5. c

Capítulo 3

Questões para revisão

1. Porque a objetividade é uma característica do jornalismo factual, que, via de regra, produz reportagens que não primam pelo detalhamento nas narrativas. A postura das empresas jornalísticas na busca pelo

lucro fez as reportagens ficarem mais artificiais, opondo-se à premissa do jornalismo literário, que, por sua vez, apresenta uma narrativa rica em detalhes e com consistente embasamento.
2. Sendo caracterizado por uma narrativa em primeira pessoa, na qual o personagem é o repórter escritor, o jornalismo gonzo não tem preocupação com as técnicas tradicionais do jornalismo. O texto é carregado de humor, ironia, sarcasmo, cinismo e exagero. Além disso, abusa dos adjetivos e das opiniões, sempre norteado pela experiência vivida pelo repórter. Justamente por essas características, o jornalismo gonzo não é marcado pela isenção.
3. d
4. c
5. e

Capítulo 4

Questões para revisão

1. Com as charges, os jornais puderam se desvencilhar do conceito de apenas informar o leitor dos fatos mais relevantes sobre assuntos cotidianos, além de estabelecer uma relação de humor e opinião.
2. Alguns exemplos são os trabalhos realizados pelo jornalista Joe Sacco, que utilizou as HQs para documentar diversos conflitos bélicos, principalmente, no Oriente Médio. No Brasil, podemos estabelecer um paralelo com a Agência Pública, que também se apropria do trabalho de *comics journalists* para retratar, sobretudo, a violência urbana e a desigualdade social.
3. a
4. c
5. b

Capítulo 5

Questões para revisão

1. Com o *Code of Authority*, era possível ter maior controle e domínio sobre o conteúdo produzido pelos estúdios de HQs. Dessa maneira, temas sensíveis de diferentes naturezas não estariam contemplados nas narrativas em quadrinhos.
2. São eles: classe social, círculos de convívio e preferências culturais.
3. d
4. c
5. b

Capítulo 6

Questões para revisão

1. Boa parte das narrativas míticas, como as gregas, e textos religiosos, como os bíblicos, usam técnicas de *storytelling* em sua concepção. Ainda que essa nomenclatura e definição fossem inexistentes, as narrativas clássicas, como a *Ilíada*, valiam-se fortemente da construção do herói para prender o leitor e o ouvinte em sua história.
2. Considerando que o jornalismo literário tem sua gênese justamente na fusão de dois gêneros, as técnicas de *storytelling* são fundamentais para que o jornalista não apenas faça o relato fiel dos fatos, mas também componha uma narrativa que seja atraente e conquiste o leitor.
3. c
4. c
5. b

Capítulo 7

Questões para revisão

1. Nativos digitais e imigrantes digitais correspondem, respectivamente, aos que cresceram na era digital, absorvendo as diferenças culturais que ela gerou, e aos que não cresceram nessa era, mas precisam se adaptar às novas tecnologias.
2. Dentro das redações, o impacto da tecnologia refletiu na agilidade com que os fatos são apurados, no acesso facilitado às fontes, nas novas possibilidades de produção de conteúdo, na expansão do campo de divulgação e na instantaneidade com que ela chega ao público. A presença dos *smartphones* e da internet também reduziu os custos e a velocidade da comunicação, deixando-a mais acessível. O novo cenário também contribuiu para a consolidação do jornalismo digital e da convergência multimidiática, que tornaram a experiência do público mais acessível e completa. Reportagens multimídia, realidade virtual, reportagens 360° e *newsgames* são alguns exemplos de inovações.
3. b
4. c
5. c

Sobre o autor

Miguel Angelo Manasses é jornalista formado pela Universidade Tuiuti do Paraná (UTP) e mestre em Educação pela Pontifícia Universidade Católica do Paraná (PUCPR). Já trabalhou como jornalista em várias empresas de comunicação do Paraná, como o Grupo Paulo Pimentel (GPP) e o Grupo Paranaense de Comunicação (GRPCOM). Foi docente em várias faculdades e universidades do Paraná, como Grupo Educacional Opet, FAE Centro Universitário e PUCPR. Atualmente, é produtor de rádio e televisão na TV Paraná Turismo e professor, revisor e conteudista no Centro Universitário Internacional Uninter.

Os papéis utilizados neste livro, certificados por
instituições ambientais competentes, são recicláveis,
provenientes de fontes renováveis e, portanto, um meio
responsável e natural de informação e conhecimento.

Impressão: Reproset
Fevereiro/2021